MAGIA COM PLANTAS

Esta é uma publicação exclusiva. Não reproduza, copie,
receba ou distribua cópias sem a devida autorização.

ATENÇÃO! Este é um livro protegido por magia, servos e entidades astrais.
Portanto, para sua segurança, recomendamos que você não distribua ou
compartilhe nenhuma parte deste livro ou sua totalidade sem autorização.

Você não pode copiar, distribuir, modificar, reproduzir, republicar
ou retransmitir qualquer informação, texto e/ou documentos contidos
neste livro ou qualquer parte deste em qualquer meio da internet
sem o consentimento expresso por escrito do autor.

Para mais informações, contate eduardo@contemmagia.com.br.

Se você conseguiu este livro por vias impróprias ou da mesma
maneira vier a compartilhar seu conteúdo sem permissão, eu te praguejo:
**"Porque todos os que sem lei pecaram, sem lei também perecerão;
e todos os que sob a lei pecaram, pela lei serão julgados."** (Romanos 2:12).

LIVRO
PRÁTICO
Magia
com
Plantas

Eduardo Parmeggiani

academia

Copyright © Eduardo Parmeggiani, 2025
Copyright © Editora Planeta do Brasil, 2025
Todos os direitos reservados.

Preparação: Ligia Alves
Revisão: Tamiris Sene e Marianna Muzzi
Projeto gráfico e diagramação: Gisele Baptista de Oliveira
Ilustrações: Renato de Mello
Shutterstock e Freepik
Capa: Nicole Bustamante

O conteúdo a seguir é baseado nas experiências profissionais e estudos do autor. Seu objetivo é fornecer material útil e informativo sobre os assuntos abordados e de maneira alguma substitui aconselhamento médico ou psicológico.

DADOS INTERNACIONAIS DE CATALOGAÇÃO NA PUBLICAÇÃO (CIP)
ANGÉLICA ILACQUA CRB-8/7057

Parmeggiani, Eduardo	
Magia com plantas : livro prático / Eduardo Parmeggiani. -- São Paulo : Planeta do Brasil, 2025.	
256 p. : il.	
ISBN: 978-85-422-3168-7	
1. Magia 2. Natureza – Magia 3. Esoterismo I. Título	
25-0097	CDD 133.43

Índice para catálogo sistemático:
1. Magia

Ao escolher este livro, você está apoiando o manejo responsável das florestas do mundo e outras fontes controladas

2025
Todos os direitos desta edição reservados à
Editora Planeta do Brasil Ltda.
Rua Bela Cintra, 986, 4º andar – Consolação
São Paulo – SP – 01415-002
www.planetadelivros.com.br
faleconosco@editoraplaneta.com.br

Agradecimentos

Primeiro, quero agradecer ao meu Daemon pessoal, que ao longo de toda a minha trajetória me guiou até aqui.

Agradeço imensamente ao meu marido, Raphael Martins, que incentivou meus sonhos, e à minha mãe, Roseli Valério, que, mesmo sem entender meu caminho, esteve sempre comigo.

Honro minha ancestralidade, meus mentores e cada aluno que fez a materialização deste sonho acontecer. Agradeço à Ana Laura Lobo, minha agente literária, que também o ajudou a existir.

E obrigado a você, que agora faz parte desta grande magia!

Um beijo mágicko,

Edu Parmeggiani

ESTE LIVRO MÁGICKO PERTENCE A:

Introdução 10

15 erros comuns ao usar plantas com fins mágickos 16

8 maneiras de usar plantas com fins mágickos 24

Plantas mágickas 38

- 41 Açafrão (cúrcuma)
- 43 Alecrim
- 45 Alho
- 47 Amoreira
- 49 Anis-estrelado
- 51 Arruda
- 53 Artemísia
- 55 Babosa
- 57 Bambu
- 59 Baunilha
- 61 Beladona
- 64 Cacau
- 66 Café
- 68 Calêndula
- 70 Camomila
- 72 Canela
- 74 Capim-limão (capim-cidreira)
- 76 Cardamomo
- 78 Cebola
- 80 Coentro
- 82 Comigo-ninguém-pode
- 84 Cominho
- 86 Coqueiro
- 89 Cravo-da-índia
- 92 Dente-de-leão
- 95 Erva-doce
- 98 Espada-de-são-jorge
- 100 Eucalipto
- 102 Gengibre
- 104 Girassol
- 106 Ginseng
- 108 Guaraná
- 111 Guiné
- 113 Hibisco
- 115 Hortelã
- 117 Hortênsia
- 119 Jabuticabeira
- 122 Jasmim
- 124 Laranjeira
- 127 Lavanda

130	Limão	169	Orégano
132	Lírio	171	Papoula
135	Louro	174	Parreira
137	Maçã	176	Patchouli
139	Malva	179	Pimenta-do-reino
141	Mandrágora	181	Pinheiro
144	Manjericão	184	Rosa
147	Manjerona	187	Salgueiro
149	Maracujá	190	Salsinha
151	Margarida	193	Sálvia
153	Melissa (erva-cidreira)	196	Samambaia
156	Milefólio (mil-folhas)	198	Sândalo
158	Milho	201	Tomilho
161	Mirra	203	Trevo
164	Noz-moscada	206	Trigo
166	Ora-pro-nóbis	209	Violeta

 **Indicação rápida de plantas para auxílio mágicko** 212

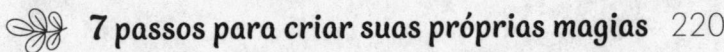 **7 passos para criar suas próprias magias** 220

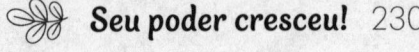 **Seu poder cresceu!** 230

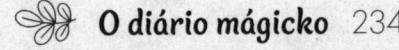 **O diário mágicko** 234

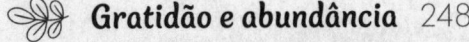 **Gratidão e abundância** 248

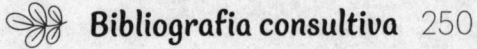 **Bibliografia consultiva** 250

Introdução

A materialização deste livro

Este livro é um marco significativo na minha jornada mágicka.[1] Há quatro anos ele nasceu no universo digital, uma semente plantada em solo virtual, buscando encontrar sua forma perfeita no mundo das ideias e práticas mágickas. Esta nova edição em formato impresso é o fruto maduro daquela árvore de conhecimento, que cresceu e se fortaleceu com o tempo.

Desde sua versão digital, o caminho percorrido foi de constante crescimento e aprendizado. Cada experiência vivida, cada interação com os vegetais, cada feedback recebido dos alunos do curso de magia com plantas, tudo contribuiu para que este livro se transformasse. Hoje ele está renovado, com novas experiências adquiridas e uma perspectiva mais ampla e profunda sobre a magia que as plantas podem trazer para nossas vidas.

---

[1] Grafia empregada no meio ocultista para que a mágicka não seja confundida com a mágica de palco, feita por ilusionistas. Originou-se no inglês, quando os ocultistas resolveram usar *magick* no lugar de *magic* para fazer essa diferenciação.

A transição do digital para o físico é mais do que uma mudança de formato; é a materialização de um sonho e a confirmação de que a magia das plantas tem um valor inestimável, merecendo ser compartilhada de modo ainda mais tangível. Este livro é uma ponte entre o conhecimento ancestral e as práticas contemporâneas, entre o etéreo e o concreto, entre mim e você.

Atualizada com as mais recentes descobertas e experiências pessoais, esta nova edição é um convite para explorar o poder da natureza que nos rodeia, para integrar a magia das plantas ao nosso cotidiano de maneira consciente e transformadora. Cada página, cada palavra, foi pensada com o maior cuidado para que você possa não só aprender, mas também sentir e viver o poder que as plantas têm a oferecer.

Ao virar cada página, espero que você sinta a paixão e o respeito que tenho por esse universo verde e mágicko. Que a jornada que estamos iniciando juntos possa florescer em conhecimento, sabedoria e magia, trazendo luz e cor para os cantos mais sombrios de nossa existência.

Todos fomos, de alguma forma, chamados por essa magia. Você se lembra quando esse interesse surgiu na sua vida? Vou te contar agora como aconteceu comigo.

Minha história com as plantas

A espada-de-são-jorge da dona Inês

Desde criança as plantas fazem parte da minha vida. Com seis meses, fui morar com minha avó materna. Minha mãe, uma mulher guerreira e poderosa, estava recém-divorciada e precisando trabalhar dobrado para sustentar a casa e meus irmãos mais velhos. Foi por isso que passei toda a infância sob os cuidados da doce e, ocasionalmente, severa dona Inês.

Mas o que isso tem a ver com plantas?

Quando eu ficava choroso, perdia o sono, quando tinha dores, pesadelos ou enfrentava qualquer outro problema, minha avó recorria à benzedeira do bairro. Essa figura mística, uma senhora de sabedoria antiga, realizava rituais nos quais as plantas não eram meros acessórios, mas ferramentas de transformação; tocava minha pele e minha alma com um poder que, na época, eu não compreendia. Hoje eu entendo a magia daqueles benzimentos!

Na casa da dona Inês, as plantas também eram aliadas cotidianas. O vaso de comigo-ninguém-pode, colocado estrategicamente ao lado da entrada, servia como escudo contra o mau-olhado e a inveja. Quando uma doença me pegava, ela sabia exatamente que chá preparar para ajudar na minha recuperação.

No entanto, entre todas as plantas, a espada-de-são-jorge é inesquecível. Não apenas pela beleza do imenso vaso com folhas de um metro que enfeitava o quintal, mas também porque de vez em quando elas se tornavam instrumentos de disciplina nas mãos da minha avó. E eu garanto que doía!

A semente floresceu

Quando completei 22 anos e conheci a umbanda, religião brasileira enraizada nas tradições afro na qual a energia e a magia das plantas são elementos fundamentais, um novo portal se abriu para mim, revelando um universo repleto de poder natural. Essa descoberta inaugurou um novo capítulo na minha vida.

Durante cinco anos eu mergulhei fundo nos ensinamentos e práticas da umbanda, me integrando à corrente dos praticantes ativos, desenvolvendo minha mediunidade e me dedicando ao estudo das plantas. Participei de cursos de especialização no uso mágicko das ervas sagradas, pratiquei muito e vivenciei a manifestação desses poderes. Essa jornada de aprendizado despertou em mim uma sede muito grande de conhecimento, que me estimulava a estudar a magia e a praticá-la cada vez mais.

A magia das plantas, tão acessível e ao mesmo tempo tão profunda, se tornou uma parte essencial da minha vida, e eu sigo até hoje nessa jornada de pesquisa e prática. As sementes plantadas na minha infância, regadas pelas experiências e pelo conhecimento acumulado ao longo dos anos, floresceram em frutos de sabedoria e magia.

Hoje esses frutos estão maduros e prontos para serem distribuídos. É tempo de compartilhar a abundância desse conhecimento, para que mais pessoas possam florescer no mundo fascinante e transformador da magia oferecida pelas plantas.

O que esperar deste livro?

Pense nas dificuldades que você tem hoje: o que te deixa triste, esgotado, cansado ou desanimado? Agora imagine ter ao seu alcance, na cozinha ou no jardim da sua casa, ou nas prateleiras do supermercado, as chaves para desbloquear um bem-estar mais profundo e restaurador.

Este livro representa o fim de uma era de desconhecimento, abrindo as portas para um universo onde a natureza é uma aliada próxima, e muito poderosa. Aqui, você encontrará receitas simples, técnicas eficazes e segredos ancestrais que prometem transformar seu cotidiano, facilitando a superação de obstáculos com leveza e rapidez.

Minha promessa é a transparência total: vou revelar a você o potencial oculto das mais diversas plantas, desvendando suas energias, significados e as sinergias entre suas frequências energéticas. Com esse conhecimento, você poderá escolher conscientemente a planta mais adequada para cada momento da sua vida.

Meu principal objetivo com a magia é ajudar você a adquirir poder pessoal. O poder é nosso, e precisamos alcançá-lo. Por meio das práticas e dos ensinamentos deste livro, você descobrirá que a magia das plantas pode ser uma ferramenta potente para seu empoderamento, capaz de ajudar você a recuperar o controle e a harmonia na sua existência.

Para tornar sua jornada mais intuitiva, apontei condições, dores e desafios que afligem muitos de nós, sugerindo vegetais que ajudam a resolver esses problemas de maneira imediata. Você será guiado pelos meios mais eficazes para aproveitar os dons da natureza, adaptando-os à sua vida enquanto aprende a evitar erros comuns que poderiam obstruir seu caminho para o sucesso.

Este livro foi planejado para ser uma ferramenta fácil de usar, oferecendo respostas claras e objetivas para que você possa encontrar orientações sempre que precisar. Na ficha detalhada que elaborei para cada planta, tudo foi pensado para acelerar sua compreensão e facilitar a aplicação prática da magia vegetal.

Agora é a hora de ativar o potencial que reside em cada folha e em cada raiz, transformando o conhecimento em ação. Prepare-se para uma jornada de descoberta e transformação pessoal, na qual a magia das plantas se torna um caminho aberto para um viver mais pleno e harmonioso.

Então, mão na massa!

15 erros comuns ao usar plantas com fins mágickos

Antes de mergulharmos nas profundezas da magia das plantas, é fundamental compreender que essa é uma jornada de delicadeza e precisão. Pequenos deslizes podem ter grandes consequências em nossos rituais e práticas mágickas. É por isso que vamos explorar de maneira clara e concisa os 15 erros mais frequentes no manuseio de plantas com finalidades mágickas. Cada um desses equívocos, por mais sutis que pareçam, pode influenciar significativamente os resultados que desejamos alcançar.

Desde a temperatura da água até a escolha dos incensos, todos os detalhes precisam de atenção e cuidado. Compreendendo e evitando esses erros, podemos garantir que nossos rituais sejam conduzidos com harmonia e eficácia, permitindo que acessemos plenamente o poder mágicko das plantas.

Prepare-se para uma jornada de aprendizado e aprimoramento, na qual cada erro evitado nos aproxima ainda mais da verdadeira essência da magia vegetal. Que este conhecimento sirva como guia para aprimorarmos nossas práticas e nos conectarmos mais profundamente com o reino verde da natureza.

Vamos agora explorar cada erro em detalhes, para evitar falhas e maximizar o potencial mágicko de nossos rituais.

1 **Esquentar a água no micro-ondas ou em aquecedores elétricos:** Esses aparelhos podem desestabilizar a energia das plantas, que é muito sutil. Além disso, é preciso controlar com delicadeza a temperatura da água, pois o calor excessivo pode alterar ou destruir os compostos ativos das ervas. E isso nos leva ao erro número 2.

2 **Usar água muito quente:** O excesso de calor pode comprometer a integridade dos princípios ativos das plantas. Para preservar ao máximo as propriedades de cada erva, a água deve estar quente, mas não fervente.

3 **Fazer chás muito fortes:** Um chá muito forte pode não apenas distorcer o sabor como intensificar os efeitos colaterais; por exemplo, chá de hibisco concentrado demais é capaz de provocar acidez estomacal. A moderação garante a harmonia entre o sabor e as propriedades terapêuticas.

4 **Escolher uma planta para cuidar da saúde sem orientação médica:** A automedicação com plantas medicinais pode ser perigosa, especialmente para pessoas que têm condições de saúde específicas ou que tomam medicamentos. Nesses casos, consultar o seu médico é essencial para garantir a segurança e a eficácia desse uso.

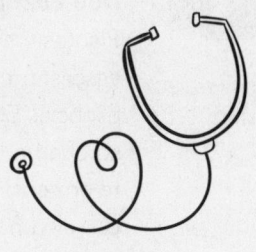

5  **Não ficar atento às alergias:** Antes de ingerir ou aplicar plantas na pele, é importante realizar testes alérgicos para evitar reações indesejadas. Uma pequena aplicação na pele pode revelar sensibilidades ou alergias e evitar problemas maiores.

6 **Consumir chás em excesso:** Tudo na vida tem seu limite, e com as ervas não é diferente. Beber chás em grandes quantidades pode te levar a experimentar efeitos indesejados, como mudanças no humor, dificuldades para dormir ou até uma queda de energia. Além disso, pode causar desconforto digestivo e sobrecarregar seus rins. Portanto, cuidado!

7 **Não cozinhar as plantas duras:** Plantas mais rígidas, como raízes ou cascas, precisam de um tratamento especial. Elas requerem um processo chamado decocção, que consiste em cozinhá-las em água fervente por algum tempo para liberar todas as suas propriedades curativas. Em torno de 15 a 20 minutos costuma ser tempo suficiente.

8  **Usar água quente para plantas frescas:** Quando se trata de plantas frescas, a delicadeza é a chave. Diferentemente das plantas secas, que costumam ser preparadas com água quase fervente, as frescas devem ser tratadas com água em temperatura ambiente ou levemente aquecida. Isso ajuda a preservar suas propriedades.

9 **Não verificar a composição dos incensos comprados:** Você sabia que alguns incensos podem conter substâncias tóxicas, como chumbo ou breu? Sempre escolha incensos de qualidade e verifique a composição listada na embalagem. Desconfie dos incensos baratos demais e opte pelos naturais para aproveitar ao máximo o que cada planta tem a oferecer.

10  **Não ficar atento ao aspecto do incenso:** Prefira incensos mais úmidos, pois eles queimam de maneira mais controlada e duradoura. Isso proporciona uma liberação contínua da fragrância e da energia, criando um ambiente muito mais harmonioso e agradável.

11 **Queimar incenso ou fazer defumação em locais fechados:** A fumaça concentrada pode ser prejudicial à saúde. Então, sempre que possível, abra as janelas para garantir uma boa circulação de  ar. Isso não só minimiza os riscos como melhora a eficácia energética do ritual.

12  **Descuidar dos itens inflamáveis:** Aqui vai uma dica que nunca é demais repetir: mantenha uma distância segura de materiais combustíveis quando realizar rituais com fogo – por exemplo, ao queimar ervas e incensos em defumações. Segurança é a prioridade!

13 **Abusar da luz do sol:** A luz solar pode ser uma vilã para os óleos essenciais, pois degrada suas propriedades e reduz seus aromas. Por isso, armazene esses óleos em frascos escuros[2] e os guarde em locais frescos e protegidos da luz para preservar a qualidade.

14 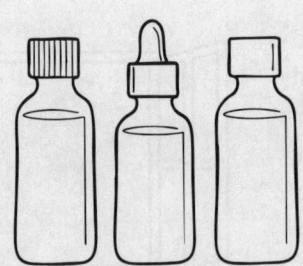 **Não diluir os óleos essenciais:** Esses óleos são potentes e, se aplicados diretamente na pele, podem causar irritações ou até intoxicações. Dilua-os em um óleo carreador antes de usar.

15 **Não ativar a energia da planta:** Utilizar plantas em rituais não se resume a usar suas folhas, caules, sementes e as substâncias que elas liberam. É essencial despertar e canalizar a energia dos vegetais com intenções claras e procedimentos específicos. Isso maximiza o potencial mágicko de cada planta.

---

2   É por esse motivo que normalmente os óleos essenciais já são armazenados em frascos de vidro âmbar. Caso você não os encontre, use frascos transparentes e guarde os óleos em ambientes escuros e frescos, protegidos da luz a fim de preservar a qualidade.

Compreendendo a importância de evitar esses erros, você prepara o terreno para uma prática mais consciente e poderosa. Essa base sólida de conhecimento e cuidado o deixará pronto para explorar os diversos modos de utilizar as plantas para alcançar seus objetivos.

8 maneiras de usar plantas com fins mágickos

Vamos explorar alguns modos distintos de utilizar plantas como ferramentas mágickas, expandindo nosso repertório de práticas e rituais para acessar o poder da natureza de maneira versátil e eficaz. Desde o preparo de chás até a ativação da energia das plantas, cada técnica oferece um modo único de se conectar com as propriedades mágickas das ervas.

Primeiro, vamos mergulhar na arte milenar de preparar chás mágickos. Aqui, a intenção e o cuidado na escolha das plantas são essenciais. Depois falaremos sobre banhos e escalda-pés, revelando como aproveitar os benefícios energéticos das plantas por meio da imersão corporal.

Vamos também discutir o poder dos macerados, das tinturas e dos óleos essenciais. Vou te ensinar a extrair e a utilizar as essências vegetais com eficácia, além de explorar o uso de incensos e defumações.

Por fim, você vai aprender a ativar a energia das plantas, um passo fundamental em qualquer prática mágicka que envolva o uso de ervas.

Prepare-se para descobrir novos meios de integrar a magia das plantas à sua vida diária, ampliando seu conhecimento e sua conexão com a natureza.

1. Chás

Preparar chás³ é uma maneira simples e eficaz de acessar as propriedades medicinais e mágickas das plantas. Nosso foco aqui será a dimensão mágicka, e a boa notícia é que você não precisa de uma preparação concentrada para ter acesso a esse benefício. Uma pequena porção da erva, seja seca ou fresca, já é suficiente para invocar seu poder.

Comece aquecendo a água sobre a chama, permitindo que o elemento fogo transfira sua energia para ela. A água deve ser aquecida até formar pequenas bolhas, sem chegar a ferver.

Adicione a planta, ou a mistura de plantas, à água quente. Em geral, uma ou duas colheres de chá rasas por xícara são quantidades adequadas. Desligue o fogo e cubra a infusão com uma tampa ou um pano para abafar e potencializar a extração da planta. O tempo de infusão varia conforme a parte da planta utilizada:

---

3 Em abril de 2022, a Agência Nacional de Vigilância Sanitária (Anvisa) lançou uma cartilha com o objetivo de esclarecer a população sobre o uso seguro de fitoterápicos e plantas medicinais e como identificar se um produto está ou não regularizado. Para o cuidado necessário com esses produtos, recomendamos a consulta desse documento oficial: https://www.gov.br/anvisa/pt-br/centraisdeconteudo/publicacoes/medicamentos/publicacoes-sobre-medicamentos/orientacoes-sobre-o-uso-de-fitoterapicos-e-plantas-medicinais.pdf.

folhas, pétalas ou cascas de frutas devem repousar entre 3 e 7 minutos, enquanto raízes ou sementes, que são mais rígidas, necessitam de 15 a 20 minutos para liberar suas propriedades.

Depois de aguardar o período de infusão, coe o chá com uma peneira fina para separar os sólidos. Nesse momento ocorre a ativação mágicka da bebida, um processo que você compreenderá mais adiante neste livro.

Quanto ao sabor, muitas ervas têm um gosto sutil. Eu, particularmente, prefiro não adoçar, para preservar a pureza do perfil aromático e do paladar. No entanto, se desejar, você pode optar por adoçantes naturais como mel, melaço ou açúcar minimamente processado. Para aqueles que seguem dietas restritivas, os adoçantes naturais são ótimas alternativas. Se essas opções não estiverem disponíveis, o açúcar refinado pode ser utilizado. A escolha do adoçante, como em todo ritual mágicko, deve considerar a harmonia entre o propósito espiritual e os meios disponíveis.

Essas recomendações têm o objetivo de preservar ao máximo a essência natural na prática mágicka.

O mais importante é que você sinta prazer enquanto estiver tomando um chá com objetivo mágicko.

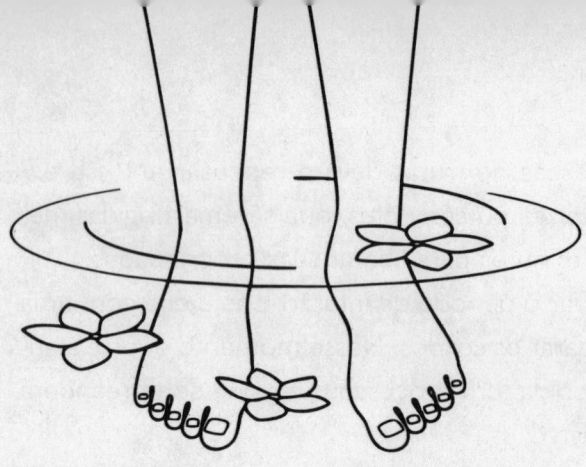

2. Banhos e escalda-pés

Existem duas maneiras de fazer banhos mágickos: com plantas secas ou frescas.

Para preparar um banho com plantas secas, use o mesmo método do chá. Não precisa se preocupar tanto com a quantidade – basta um punhado –, já que você não vai ingerir. E relaxe, você não precisa de um caldeirão gigante! Basta preparar uma quantidade no fogo, depois despejar em um recipiente (geralmente um balde) e completar com água para ter o volume necessário para o banho.

E se a planta for fresca? Simples! Você pode fazer um macerado, como eu ensino mais adiante. Depois, dilua essa mistura em água e use no banho normalmente.

Independentemente do método, quando terminar o preparo, é importante ativar a energia das plantas usadas.

Como tomar o banho? Primeiro, tome seu banho de higiene como de costume. Depois, pegue o preparado concentrado que você fez, complete com água quente e desligue o chuveiro. Conecte-se mentalmente com as plantas e as intenções que deseja manifestar. Derrame o preparado sobre seu corpo, visualizando a energia desejada envolvendo seu ser.

Aguarde alguns minutos e deixe a água escorrer bem. Não precisa esperar secar naturalmente; pode se enxugar com a toalha.

Para o escalda-pés, o preparo é o mesmo, mas, em vez de usar no banho, coloque em um recipiente onde caibam seus pés – por exemplo, uma bacia. Use água morna e relaxe por 20 minutos pelo menos, com os pés imersos na mistura.

Dicas importantes sobre os banhos

Coar o banho: Essa é uma questão interessante: coar ou não coar o banho? Algumas pessoas e sistemas mágickos acreditam que você deve despejar toda a infusão sobre o corpo, incluindo as ervas, flores, sementes, raízes, cascas etc. Outros preferem coar o banho antes de usá-lo. Quem está certo? Não estou apresentando um sistema específico de magia aqui, então sinta no seu coração e faça o que parecer mais correto para você.

Já experimentei das duas maneiras. Hoje prefiro coar meu banho, como faço com o chá antes de tomá-lo. Não vejo diferença no resultado, pois sinto que a energia e a essência da planta estão na água. De qualquer forma, coar evita o trabalho de limpar os resíduos das plantas no banheiro.

Siga sua intuição. Se você sentir ou acreditar que será melhor tomar o banho mágicko com a planta junto, faça isso!

Banho a partir da cabeça ou do pescoço: Deve-se molhar a cabeça com os banhos mágickos ou vertê-los somente do pescoço para baixo? Esse é um assunto polêmico, especialmente quando se trata de banhos de sal grosso ou de descarrego.

Quando penso nisso, sempre me lembro de que o maior e mais poderoso banho purificador é o de mar, formado por água e sal, e nunca tive problemas em molhar a cabeça no mar.

De qualquer modo, também neste caso, respeite sua crença e sua intuição. Se você acredita que não deve molhar a cabeça, não molhe. Se sentir que está tudo bem, então faça. Pode ser que você ache que deve evitar molhar a cabeça com algumas plantas apenas. Se seguir sua intuição e respeitar suas crenças, estará fazendo o melhor para si!

3. Macerados

Os macerados são feitos com plantas frescas para extrair sua essência energética. Você pode prepará-los usando um pilão ou simplesmente trabalhando com as mãos.

No pilão: Escolha a planta e comece a pilar (moer). Vá acrescentando pequenas quantidades de água em temperatura ambiente para formar uma pasta. Depois, transfira essa pasta para um recipiente com uma quantidade maior de água, a fim de diluí-la.

Feito na mão: Em um recipiente em que caibam suas mãos, coloque um pouco de água e acomode as plantas. Então, esfregue as mãos com as plantas entre elas. Continue trabalhando com o atrito até que as plantas estejam bem amassadas.

Independentemente do modo que você escolher para macerar, sempre ative a energia das plantas antes de usar.

4. Tinturas

As tinturas são extratos concentrados de plantas que podem ser guardados por longos períodos sem perder suas propriedades. A maioria das tinturas é preparada com álcool, que atua tanto como extrator dos componentes da planta quanto como conservante. Você pode comprar tinturas em farmácias de manipulação ou em lojas de produtos naturais e prepará-las em casa sem dificuldade.

Minha dica é preparar tinturas usando uma única planta em cada uma delas e, depois, misturá-las na hora de usar. Isso traz mais versatilidade, pois você pode combinar plantas para diferentes fins conforme sua necessidade. Se você fizer a tintura da mistura, ficará limitado às propriedades daquela combinação específica.

Para tinturas que podem ser ingeridas, use álcool de cereais ou uma bebida mais neutra e com alto teor alcoólico (no mínimo 37,5%), como cachaça ou vodca.

Esterilize um pote de vidro escuro com boca larga e tampa. Caso não tenha, adapte utilizando potes de vidro de conserva, mantendo-os sempre protegidos da luz. Lave bem o pote com água quente e sabão, deixe secar e leve ao forno por 15 a 20 minutos. Pique bem a planta seca (depois de esfriar) e coloque-a no pote até preencher um pouco mais de dois terços do espaço. Adicione álcool ou a bebida alcoólica até cobrir totalmente as plantas.

Feche o pote e deixe repousar por três semanas em local fresco e protegido da luz. Eu costumo guardar no meu guarda-roupa. Agite a mistura uma vez por dia, aproveitando para ativar a energia da planta nesses momentos. Se esquecer ou pular um dia, não tem problema, só continue!

Após as três semanas, coe a mistura usando um coador de café de pano, um filtro de papel ou uma peneira bem fina, para evitar resíduos. Guarde a tintura coada em um pote comum de vidro esterilizado por até dois anos, etiquetando com a data e o nome da planta.

As tinturas são extremamente concentradas, e você pode usá-las de várias maneiras. Para banhos, coloque 1 ou 2 colheres de sopa no recipiente com água que você for usar para se banhar. Para limpeza de ambientes, adicione no lugar do produto de limpeza. Você também pode colocar em difusores de aromas.

Se a tintura puder ser ingerida (uma a duas vezes por dia), pingue de 3 a 5 gotas em um copo com água (use um conta-gotas para isso).

Vale muito a pena apostar na versatilidade e praticidade das tinturas!

5. Óleos

Os óleos essenciais são facilmente encontrados em farmácias naturais e na internet. Hoje, a aromaterapia, que emprega o aroma e as partículas liberadas pelos óleos essenciais para estimular diferentes partes do cérebro, tem sido usada como terapia complementar para diferentes objetivos, como amenizar dores e desconfortos. Você pode aproveitar seus benefícios por meio de inalação, massagem e banhos.

Inalação: Nosso nariz tem milhares de receptores, por isso a inalação é um dos meios mais eficazes de absorver as propriedades dos óleos essenciais. Você pode usar esses óleos em difusores, que podem ser de ambiente ou pessoais. Já ouviu falar daqueles colares com pingentes que fazem evaporar o óleo colocado dentro deles, te envolvendo com o aroma? São incríveis!

Massagem: Aplicar óleos essenciais por meio da massagem é ótimo para aliviar a tensão muscular e eliminar toxinas. Mas lembre-se de nunca aplicar esses óleos puros sobre a pele, pois eles são muito concentrados e podem causar danos. Sempre dilua os óleos essenciais em um óleo vegetal, conhecido como óleo transportador ou carreador. Você deve usar óleos específicos para massagem, como o óleo de amêndoas. Na diluição, para cada 10 mL de óleo vegetal, dilua 1 gota de óleo essencial. A quantidade a ser aplicada é a necessária para a massagem, conforme o tipo de massagem, o tamanho da área etc.

Banho aromático: Essa é a forma mais relaxante de aproveitar os benefícios dos óleos essenciais. Nem todo mundo tem uma banheira em casa, mas não se preocupe! Você pode usar os óleos em escalda-pés e desfrutar dos seus efeitos maravilhosos.

6. Incensos e defumações

Os incensos se tornaram tão comuns que as pessoas acabam subestimando seu poder. Mas eles são especiais, pois representam os quatro elementos da natureza (água, terra, fogo e ar), o que amplifica o poder de uma planta.

Você pode usar incensos artesanais ou naturais, que são ótimos. Só fique atento à composição, para garantir que está escolhendo algo de qualidade.

Quando acender o incenso, faça sua ativação. Para potencializar essa ação, você pode meditar enquanto o incenso queima, buscando absorver a energia da planta.

Para fazer defumações, você pode usar o incenso ou um defumador. O defumador é um recipiente que funciona com carvão vegetal em brasa, no qual você vai jogando as plantas secas para defumar.

O mais importante é sempre realizar essas práticas em um ambiente arejado, para garantir a renovação do ar.

7. Temperos

Muitas plantas com incríveis propriedades mágickas estão na nossa cozinha![4] Ativando a energia delas, você pode preparar refeições mágickas capazes de transformar a vida de quem as consome.

Eu uso muito essa prática na culinária com intenção mágicka. Cozinhar é uma verdadeira alquimia, na qual transformamos ingredientes comuns em algo extraordinário.

É sempre importante alinhar sua intenção e frequência para criar refeições realmente poderosas. Não subestime esse poder; ele sempre foi muito usado e continua sendo até hoje!

---

4 Vide nota 2.

8. Ativando a energia das plantas

Já falei algumas vezes neste livro que é necessário ativar a energia das plantas antes de usá-las para fins mágickos.

Existem diversos meios de fazer isso, e, conforme você for trabalhando com plantas, vai descobrir o seu próprio jeito de ativá-las. Por enquanto, vou ensinar um método simples e eficaz para você já começar a usar!

Primeiro, esfregue as mãos para aquecê-las e ativar os pontos reflexos dos nossos chacras. Depois, coloque as mãos em formato de concha sobre as plantas que separou para usar e se concentre. Imagine que das suas mãos sai uma luz branca e que as plantas brilham cada vez mais sob essa luz.

Nesse momento, você pode agradecer à planta, em voz alta ou mentalmente, por doar sua energia a você. Vivencie um sentimento de gratidão verdadeiro. Diga a esse vegetal o que quer que ele faça por você, seja específico e sinta. Quando terminar, agradeça mais uma vez e então retire as mãos. A planta está ativada e pronta para ser usada de maneira mágicka!

Faça isso com verdade. Conseguir visualizar e sentir é mais fácil para uns e mais difícil para outros. Mas entenda que aprender a usar a mente e a imaginação para criar visualizações é muito importante em praticamente todo tipo de magia.

Para aprimorar essas qualidades, recomendo fortemente que você pratique a meditação. Meditar 20 minutos por dia já te ajudará a melhorar sua concentração e capacidade de visualização mental.

Explorar esses modos de utilizar as plantas nos faz mergulhar em um oceano de possibilidades para aprimorar nossa conexão com a natureza e aprofundar nossa prática mágicka. Cada uma das técnicas aponta para uma porta de entrada única para o reino verde, permitindo-nos explorar sua energia de diversas maneiras.

Desde a simplicidade de preparar um chá até a complexidade de extrair essências concentradas, os diferentes métodos nos convidam a uma viagem pela sabedoria ancestral das ervas. Com cuidado, intenção e respeito, podemos desbloquear o potencial mágicko das plantas, transformando nossas práticas e rituais em experiências enriquecedoras.

A partir da próxima página, vamos explorar o universo fascinante das plantas mágickas e suas características. Em sua grande maioria, elas podem compor chás, defumações, banhos ou ser usadas como temperos; as plantas que porventura sejam tóxicas ou apresentem alguma restrição estarão sinalizadas. Prepare-se para descobrir os segredos ocultos por trás dos vegetais mais poderosos, mergulhando em um mundo de magia e mistério que aguarda para ser desvendado.

Plantas mágickas

Acabamos de atravessar um portal para uma floresta mágicka, onde as plantas guardam segredos antigos, as flores desabrocham em poder e a magia se entrelaça com a natureza em uma dança maravilhosa.

Toda planta tem sua história e sua magia, que esperam para ser desvendadas. Cada página deste livro revela um tesouro de possibilidades poderosas, no qual os sabores e aromas das plantas se misturam à magia que permeia nosso universo.

Prepare-se para uma imersão profunda no conhecimento sobre essas plantas extraordinárias, fruto de anos de estudo e pesquisa. A partir de agora, vou apresentar as características técnicas de diversas plantas, incluindo seu nome científico, família e origem, além de uma lista de correspondências mágickas para expandir suas possibilidades. A respeito de cada uma das plantas a seguir, você vai obter informações sobre o astro, o elemento, o gênero, o caráter energético, o chacra, a pedra, a cor, o orixá, o servidor, a estação do ano, a fase lunar, a carta do tarô e o signo astrológico.

Essas informações vão ajudar você a compreender mais sobre cada erva. Por exemplo, sabemos que o planeta Marte rege a energia de batalha, luta e vitória. Portanto, uma planta ligada a Marte trará essas características consigo.

Assim será com cada item dessa correspondência. Uma planta de água trará mais ação no campo emocional, enquanto uma planta de ar trabalhará mais a mente. Plantas yang promoverão mais movimentos externos, enquanto as plantas yin trabalharão mais em nosso interior.

Servidores, cartas de tarô e orixás, aqui, serão figuras arquetípicas, para que você possa entender que cada planta carrega posturas e comportamentos associados a essas figuras.

Entenda que você não precisa saber todas as características de cada item nessas tabelas, pois este livro foi pensado tanto para iniciantes quanto para pessoas experientes. Se você está começando e não tem todas essas referências, fique tranquilo.

Isso porque também vou compartilhar com você minhas reflexões e as associações que costumo fazer com cada uma das plantas, relacionando-as a personagens fictícios. Isso facilita nosso aprendizado e oferece um olhar único sobre as ervas, flores, folhagens e árvores. Prepare-se para reconhecer entre esses vegetais a Dorothy de *O Mágico de Oz*, o Severo Snape de *Harry Potter*, o Ferris Bueller de *Curtindo a vida adoidado* e muitos outros!

Este catálogo é uma preciosidade que vai encher seu coração de maravilhas e abrir as portas para um mundo de possibilidades encantadas capazes de transformar sua vida!

Açafrão (cúrcuma)

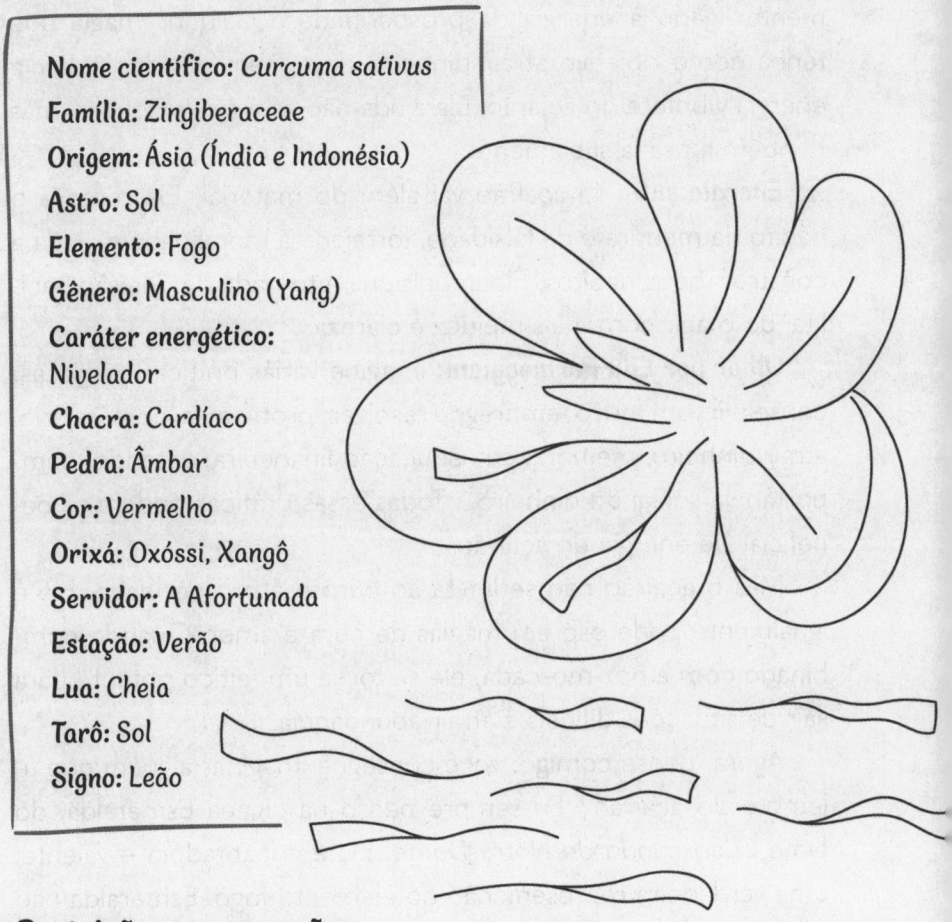

Nome científico: *Curcuma sativus*
Família: Zingiberaceae
Origem: Ásia (Índia e Indonésia)
Astro: Sol
Elemento: Fogo
Gênero: Masculino (Yang)
Caráter energético: Nivelador
Chacra: Cardíaco
Pedra: Âmbar
Cor: Vermelho
Orixá: Oxóssi, Xangô
Servidor: A Afortunada
Estação: Verão
Lua: Cheia
Tarô: Sol
Signo: Leão

Restrições e precauções

Se você tem úlceras gástricas ou um histórico desse problema, evite o uso prolongado da cúrcuma. Da mesma forma, se tem obstrução de ductos biliares, distúrbios hemorrágicos ou está tomando medicamentos que afetam a coagulação, a cúrcuma não é para você. Grávidas, lactantes e crianças também devem passar longe desse tempero.

Sobre o açafrão

Conhecido como o "ouro vermelho", o açafrão está profundamente ligado à energia da prosperidade. Qualquer magia que tenha como objetivo atrair dinheiro deve, sem dúvida, incluir a energia vibrante do açafrão. Ele ajuda não só a atrair riqueza, mas também a usá-la sabiamente.

Energia sutil: O açafrão vai além do material. Ele remove o hábito da mentira e da falsidade, fortalece a moralidade e ajuda a construir bons hábitos. Ele impulsiona a tomada de decisão, facilitando o agir com mais rapidez e clareza.

Olhar por Edu Parmeggiani: Imagine várias práticas mágickas: conseguir um novo emprego, resolver problemas com salário, atrair dinheiro, melhorar sua educação financeira, entender a importância social do dinheiro... Todas essas práticas podem se beneficiar da energia do açafrão.

Mas o açafrão não se limita ao ouro e à prosperidade. Ele é igualmente poderoso em magias de cura e amor. Quando combinado com a noz-moscada, ele se torna um feitiço potente para sair de situações difíceis e atrair abundância.

Agora, pense comigo: você consegue imaginar alguém que te lembre do açafrão? Eu sempre penso na cigana Esmeralda, do filme *O corcunda de Notre Dame*. Ela é encantadora e valente, uma verdadeira representação do elemento fogo. Esmeralda não é uma donzela em perigo; ela é ativa, desafia a autoridade e traz energia e alegria com sua música. Ela é criativa e sabe como conseguir dinheiro com seus talentos.

Alecrim

Nome científico: *Rosmarinus officinalis*
Família: Lamiaceae
Origem: Mediterrâneo
Astro: Sol
Elemento: Fogo
Gênero: Masculino (Yang)
Caráter energético: Condutor
Chacra: Plexo Solar
Pedra: Pedra do Sol ou Olho de Tigre
Cor: Dourado
Orixá: Oxalá
Servidor: O Sol
Estação: Verão
Lua: Cheia
Tarô: Temperança
Signo: Sagitário

Restrições e precauções

Se usado em doses muito grandes, o alecrim pode causar nefrite e gastrite. E aqui vai um alerta importante: ele é contraindicado para quem tem diabetes, hipertensão, para as grávidas, para quem tem hipertrofia de próstata ou doenças inflamatórias de pele.

Sobre o alecrim

Agora, vamos falar sobre a planta da alegria! Esse verdinho vibrante está ligado à felicidade, à proteção, à purificação, ao banimento e à prosperidade. Quer limpar e purificar energias densas do ambiente e das pessoas? O alecrim é seu melhor amigo! Ele alegra os espaços e cria um escudo protetor contra aquelas energias nocivas que queremos manter bem longe.

Energia sutil: O alecrim é um impulsionador de mudanças e um estimulante do desejo de viver e amar. Ele nos encoraja a buscar sabedoria para uma vida plena. E mais: ele permite o acesso aos registros akáshicos, que são os arquivos de nossas vidas passadas, presentes e futuras, ajudando a liberar dores, medos e experiências nocivas que ficam escondidas no subconsciente.

Olhar por Edu Parmeggiani: O alecrim é como um antidepressivo natural, sempre pronto para nos dar aquele empurrãozinho quando mais precisamos, como um amigo que sabe exatamente como nos animar. Mas não se engane: ele também é mestre em nos fazer encarar verdades difíceis. Seu poder de desconstruir traumas, mesmo os mais profundos, promove uma limpeza interior intensa e reflexiva. E o melhor: você não fica parado sofrendo, porque o alecrim é movimento, calor, vida e alegria!

Assim como limpa por dentro, ele também limpa por fora. O alecrim afasta aquelas energias nocivas que pegamos ou criamos, purificando nosso campo energético. Essa mudança ajuda a afastar invejosos e pessoas que possam nos prejudicar.

Essa planta versátil me lembra alguém especial? Claro! Todo mundo tem aquele amigo sempre pronto para ajudar, todo animado e festeiro. Quando penso no alecrim, eu costumo lembrar de Ferris Bueller, o protagonista do filme *Curtindo a vida adoidado*. Ele é jovem, cheio de energia, carismático, cativante e incrivelmente astuto. Ele personifica a empolgação e a alegria do alecrim.

Ferris é um mestre da persuasão, capaz de convencer quase qualquer pessoa a seguir seus planos ou ajudá-lo a sair de situações complicadas. É por isso que digo: todo mundo precisa ter alecrim em casa, para aquelas emergências da vida!

Alho

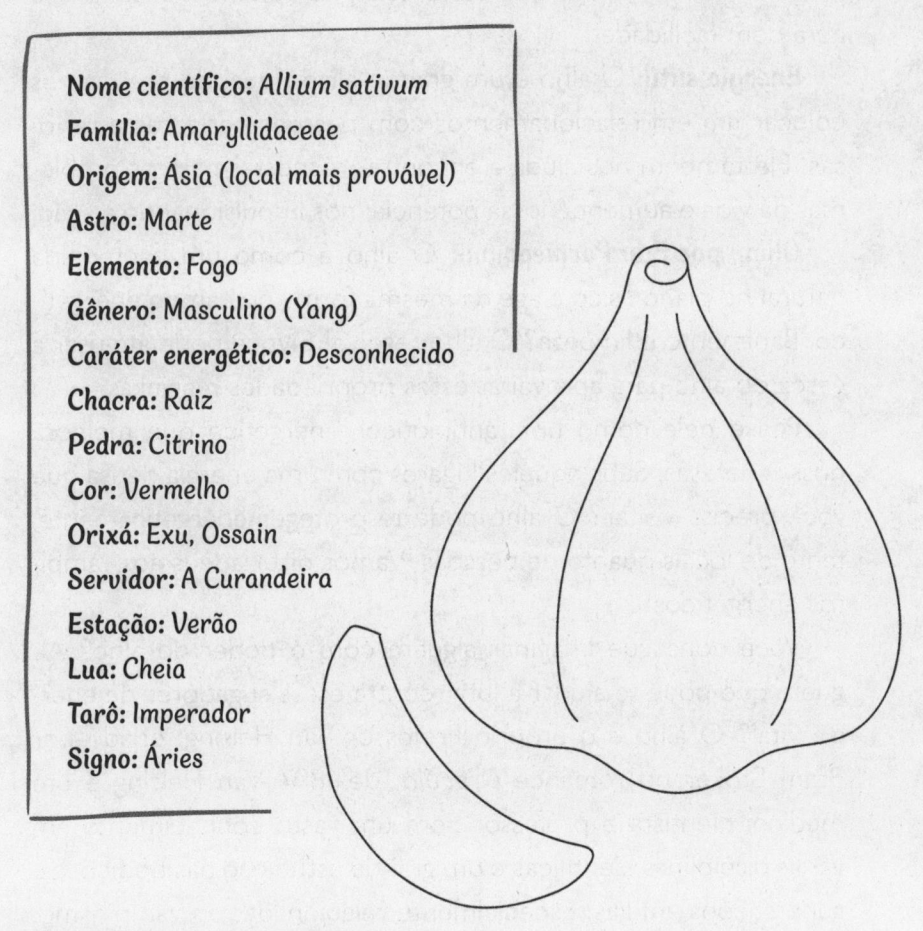

Nome científico: *Allium sativum*
Família: Amaryllidaceae
Origem: Ásia (local mais provável)
Astro: Marte
Elemento: Fogo
Gênero: Masculino (Yang)
Caráter energético: Desconhecido
Chacra: Raiz
Pedra: Citrino
Cor: Vermelho
Orixá: Exu, Ossain
Servidor: A Curandeira
Estação: Verão
Lua: Cheia
Tarô: Imperador
Signo: Áries

Restrições e precauções

O alho não deve ser utilizado por pessoas com gastrite ou úlcera gástrica, pressão arterial baixa ou glicemia baixa. Além disso, se você está em tratamento com anticoagulantes ou prestes a passar por uma cirurgia, é melhor evitar o alho por um tempo.

Sobre o alho

Vamos falar sobre esse guerreiro da proteção energética. Ele tem uma dupla função incrível: limpa energias densas e nocivas trazidas por outra pessoa e, ao mesmo tempo, cria uma barreira protetora que impede que essas energias voltem a acessar sua aura com facilidade.

Energia sutil: O alho é um grande aliado quando precisamos colocar fim em relacionamentos com pessoas perigosas e raivosas. Ele também nos ajuda a encontrar respostas para os problemas da vida e aumenta nossa potência, nos impulsionando à ação.

Olhar por Edu Parmeggiani: O alho é como um bactericida natural no plano físico e age da mesma forma no campo energético. Banimento e limpeza? O alho resolve! E você pode até usar a casca do alho para aproveitar essas propriedades mágickas.

Pense nele como um "antibiótico" energético que melhora nossas defesas. Sabe aqueles lugares com uma energia densa que você precisa visitar? O alho pode te proteger energeticamente, tanto de locais quanto de pessoas. Vamos dizer adeus aos vampiros energéticos!

Você consegue imaginar alguém com o poder do alho? Alguém que pode te ajudar a lutar contra esses sugadores de energia vital? O alho é o próprio Professor Van Helsing, criado por Bram Stoker no romance *Drácula*, de 1897. Van Helsing é um médico, cientista e professor com um vasto conhecimento em várias disciplinas científicas e um grande estudioso das tradições e superstições antigas, especialmente relacionadas ao vampirismo. Ele se tornou o símbolo do "caçador de vampiros". Quando precisamos de socorro, podemos contar com o Professor Van Alho para nos proteger.

Amoreira

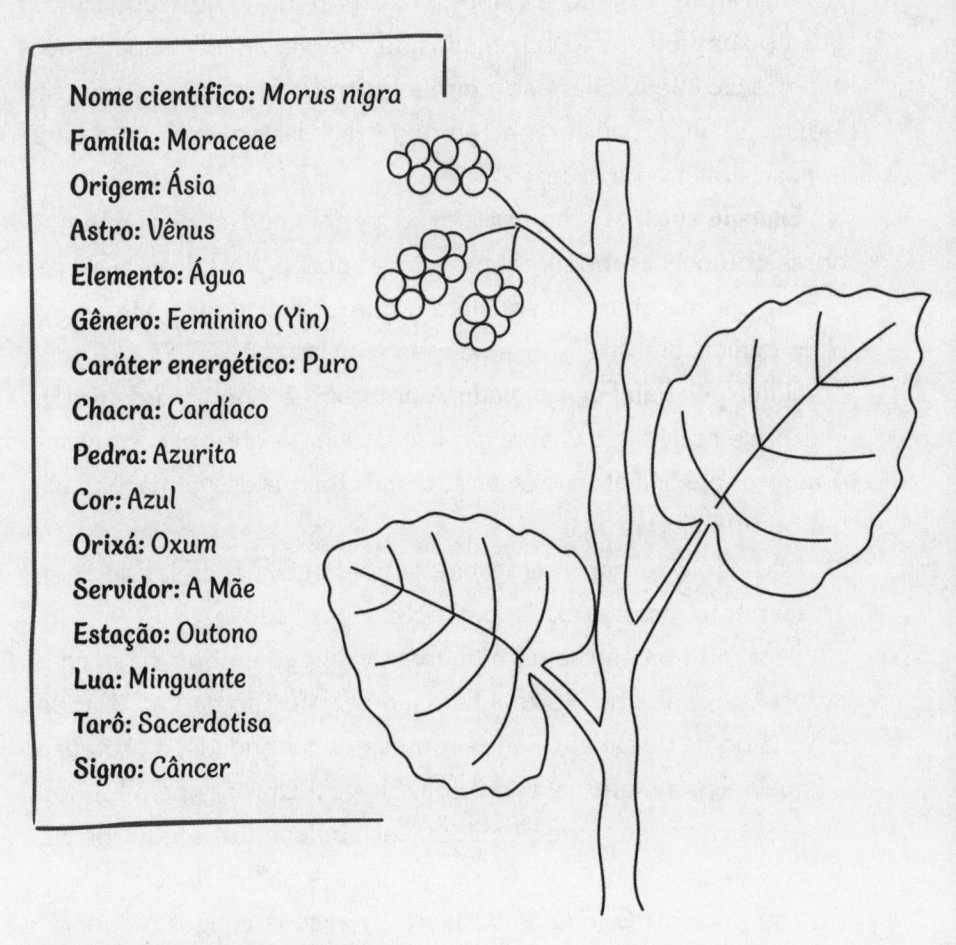

Nome científico: *Morus nigra*
Família: Moraceae
Origem: Ásia
Astro: Vênus
Elemento: Água
Gênero: Feminino (Yin)
Caráter energético: Puro
Chacra: Cardíaco
Pedra: Azurita
Cor: Azul
Orixá: Oxum
Servidor: A Mãe
Estação: Outono
Lua: Minguante
Tarô: Sacerdotisa
Signo: Câncer

Restrições e precauções

Não exagere no consumo das folhas da amoreira, pois ela pode causar vômitos, náuseas e dificultar a absorção de cálcio e do ferro no organismo. Mulheres grávidas e pessoas com problemas no fígado devem evitar esse chá, pois as folhas de amoreira tonificam as paredes do útero e podem causar contrações.

Sobre a amoreira

Agora, vamos falar da encantadora amoreira. Tanto seus frutos quanto suas folhas são carregados de energia de felicidade, amor e proteção. Seus chás são conhecidos por fortalecer a energia feminina (yin) e equilibrar as emoções ligadas ao amor, seja para regular a falta ou o excesso.

Energia sutil: A amoreira tem o poder incrível de aumentar nossa potência corporal, estimulando o corpo a produzir algumas substâncias naturais. Ela equilibra o humor e ajuda em alterações hormonais, como na TPM e na menopausa.

Olhar por Edu Parmeggiani: A amoreira é sinônimo de amor. Ela abre e equilibra o chacra cardíaco. Quer se abrir para o amor? A amoreira é sua aliada. Quer superar uma perda ou mágoa? Ela também te ajuda!

Mas não é só isso. A amoreira também ativa energias de cura, crescimento, prosperidade, proteção e purificação.

Pensando na amoreira, não consigo evitar lembrar da encantadora Bruxa Boa do Norte, Glinda, de *O Mágico de Oz*. Voando em sua bolha de sabão, Glinda representa a bondade, a proteção e aquela figura maternal carinhosa. Ela guia Dorothy pelo Mundo de Oz com sabedoria e gentileza, restabelecendo o equilíbrio e a paz.

Assim como Glinda ajuda Dorothy e seus amigos a superar obstáculos e a aprender lições valiosas, a amoreira equilibra nossas emoções e fortalece nossa energia feminina. Essa árvore pode ser sua aliada no crescimento e na prosperidade, ajudando a transformar sua vida.

Anis-estrelado

Nome científico: *Illicium verum*
Família: Illiciaceae
Origem: China
Astro: Júpiter
Elemento: Ar
Gênero: Masculino (Yang)
Caráter energético: Físico
Chacra: Frontal
Pedra: Ametrina
Cor: Índigo
Orixá: Oxum, Oxóssi
Servidor: O Santo
Estação: Primavera
Lua: Crescente
Tarô: Mago
Signo: Gêmeos

Restrições e precauções

Em doses elevadas ou após o uso prolongado, o anis-estrelado pode ser tóxico, causando desde náuseas e vômitos até delírios e convulsões. Especialmente em crianças, seu consumo deve ser ainda mais controlado, pois os riscos de efeitos colaterais são maiores.

Sobre o anis-estrelado

O anis-estrelado é um tesouro para a magia, intimamente ligado a proteção, purificação, alegria, consciência, clarividência e equilíbrio. Qualquer magia que busque essas qualidades pode ser ativada com a ajuda desse magnífico tempero.

Energia sutil: O anis-estrelado equilibra a energia masculina, reduzindo o estresse físico, a birra, a hiperatividade, a impaciência e a ira descontrolada.

Olhar por Edu Parmeggiani: Essa especiaria é uma ferramenta incrível para resolver questões emocionais, trazendo clareza e ajudando a resolver conflitos. Quando falamos de relacionamentos, ela pode fortalecer laços de amizades verdadeiras.

Uma das funções mais impressionantes do anis-estrelado é sua capacidade de ativar e ampliar habilidades psíquicas, trazendo poder e percepção consciente. Se você deseja trabalhar com adivinhação, oráculos ou buscar clarividência, o anis-estrelado é um excelente companheiro.

Já assistiu ou leu *X-Men*? Pense no Professor Xavier: ele é a personificação do anis-estrelado. Um telepata com incríveis poderes psíquicos – exatamente o que esperamos dessa planta.

Com sua bondade e doçura, o Professor Xavier é um mentor excepcional para seus alunos. Se você deseja desenvolver sua intuição, fazer projeções astrais, leituras oraculares ou aprimorar outras habilidades psíquicas, esse vegetal será um excelente professor para te ajudar nessa jornada.

Arruda

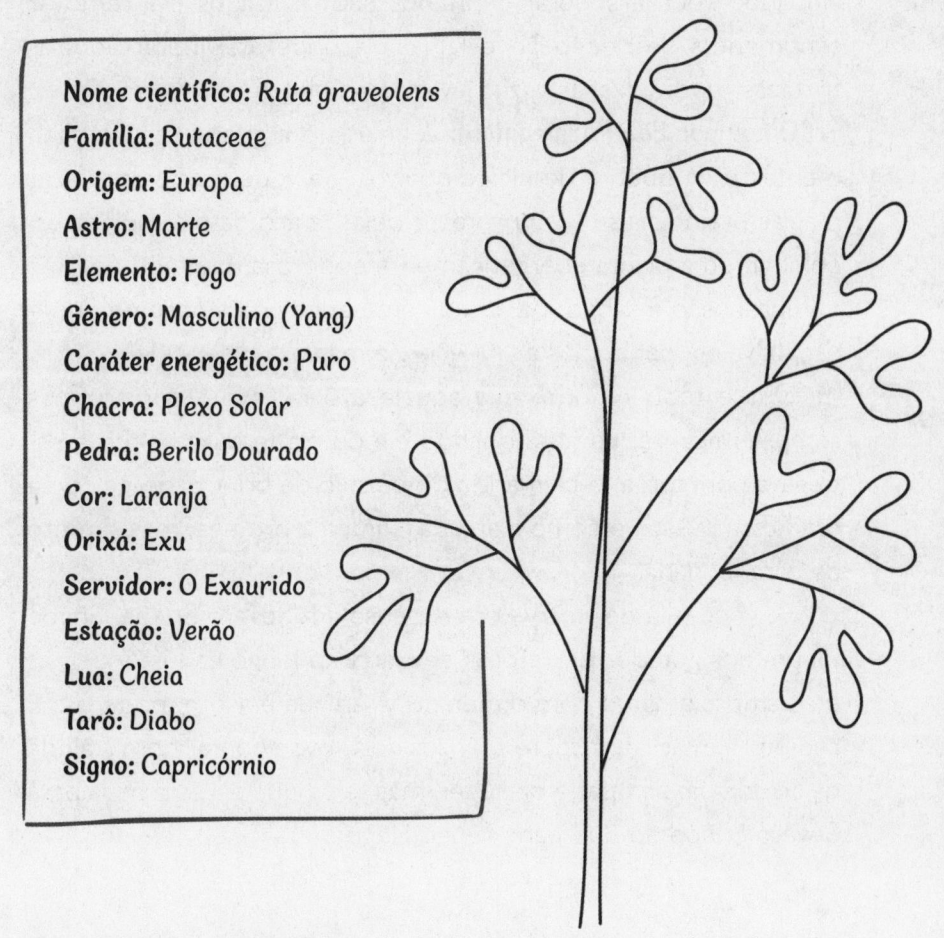

Nome científico: *Ruta graveolens*
Família: Rutaceae
Origem: Europa
Astro: Marte
Elemento: Fogo
Gênero: Masculino (Yang)
Caráter energético: Puro
Chacra: Plexo Solar
Pedra: Berilo Dourado
Cor: Laranja
Orixá: Exu
Servidor: O Exaurido
Estação: Verão
Lua: Cheia
Tarô: Diabo
Signo: Capricórnio

Restrições e precauções

A arruda é uma planta tóxica, e sua ingestão é totalmente desaconselhada.

Sobre a arruda

A arruda é conhecida por sua energia de liberdade, banimento, proteção, defesa, clareza e quebra de ações mágickas. Desde tempos antigos, ela é usada para expulsar energias nocivas e espíritos mal-intencionados.

Energia sutil: A arruda é incrível para trazer limpeza e poder, ajudando você a superar caprichos não realizados e a remover sentimentos de decepção e falha. Ela pode até liberar aquelas tristezas reprimidas, às vezes levando ao choro.

Olhar por Edu Parmeggiani: A arruda é a guerreira dos banimentos e da quebra de ciclos nocivos. Se você precisa desfazer magias prejudiciais ou se proteger delas, a arruda é a melhor escolha. É uma planta energeticamente poderosa que também traz compreensão e sabedoria. Usada em banhos de limpeza e purificação, vale a pena apostar na energia mágicka da arruda!

Quase todo mundo teve aquele avô ou avó amoroso, mas sempre ranzinza. Lembra quando ele ou ela te dava banho e esfregava com força, reclamando do pé sujo de brincar descalço na rua? Essa pessoa é como a arruda – limpa e protege, mas sempre de cara fechada.

Se você é fã de *Harry Potter*, pense em Severo Snape. Snape foi um dos grandes protetores de Harry ao longo da história, mas era sempre amargo com o menino. A arruda é assim: poderosa e protetora, mas não espere sorrisos dela. Pode contar com a ajuda da arruda para limpar e proteger, mas saiba que ela está mais para Severo Snape do que para Rúbeo Hagrid.

Artemísia

Nome científico: *Artemisia vulgaris*
Família: Asteraceae
Origem: Europa, Ásia e Norte da África
Astro: Vênus
Elemento: Ar
Gênero: Feminino (Yin)
Caráter energético: Físico
Chacra: Frontal
Pedra: Calcita
Cor: Lavanda
Orixá: Xangô
Servidor: O Contemplador
Estação: Primavera
Lua: Crescente
Tarô: Sacerdotisa
Signo: Câncer

Restrições e precauções

A artemísia é imprópria para grávidas e lactantes.

Sobre a artemísia

A artemísia é uma planta poderosa com energia ligada ao reino astral, à purificação, a capacidades psíquicas, à empatia e à defesa. Ela é uma excelente aliada para quem busca conexões com o astral e o sagrado feminino.

Energia sutil: A artemísia é uma grande amiga das mulheres. Ela prepara o útero energeticamente para quem deseja engravidar, estimulando a fertilidade. Também melhora a saúde do sistema reprodutor, reduz os efeitos da TPM, alivia dores no pós-parto e ajuda a alinhar o ciclo menstrual.

Olhar por Edu Parmeggiani: A artemísia é incrível para ampliar nossas capacidades psíquicas. Ela facilita visões, a clarividência, prepara o caminho para os sonhos, as viagens astrais, a adivinhação e o recebimento de mensagens ou presságios.

Você pode usar a energia da artemísia para abençoar objetos, pessoas e locais, trazendo poder e ampliando a capacidade de desenvolver habilidades. Ela tem uma ligação muito forte com a energia feminina e ajuda a equilibrar essa força.

Agora, pense em alguém que te lembre da artemísia. Eu sempre me lembro de Luna Lovegood, da série *Harry Potter*. Luna, com seu jeito sonhador e profundo, espelha a conexão com o reino astral e o sagrado feminino. Ela tem uma intuição forte, é empática e enxerga com clareza coisas que muitos ignoram. Assim como a artemísia, Luna facilita o acesso a mundos além do físico e traz bênçãos e proteção aos seus amigos, sempre ampliando as capacidades psíquicas deles e lhes trazendo equilíbrio.

Babosa

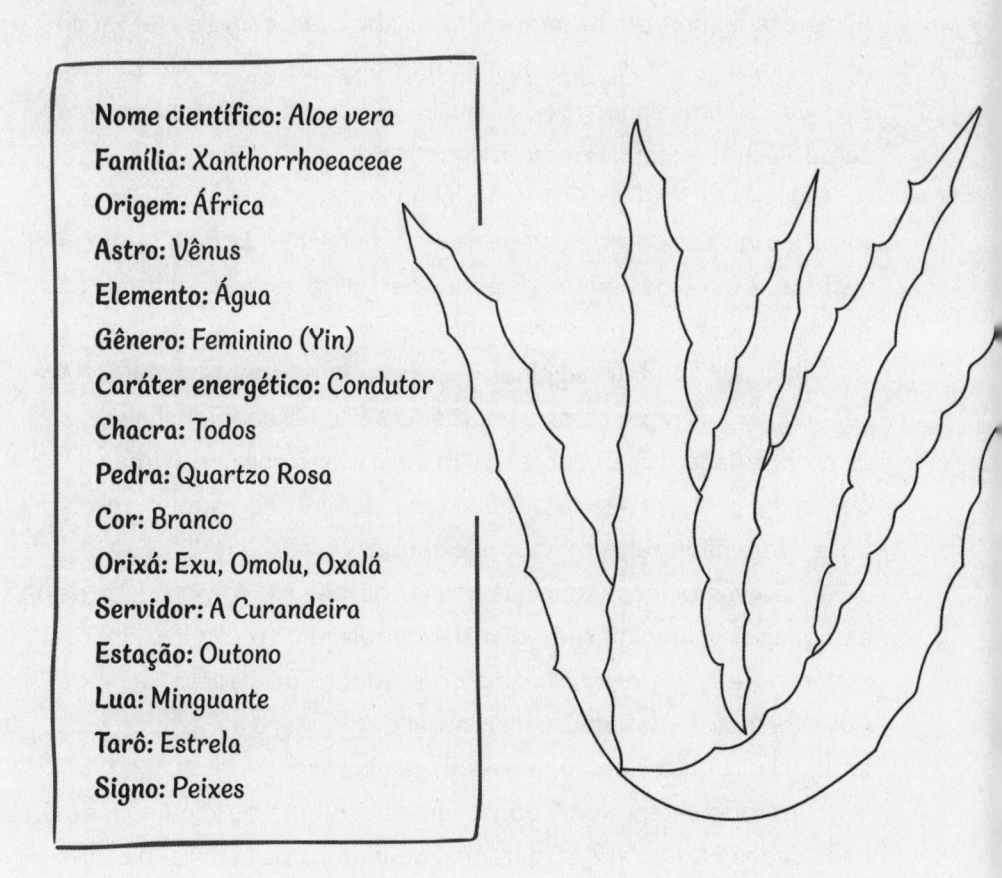

Nome científico: *Aloe vera*
Família: Xanthorrhoeaceae
Origem: África
Astro: Vênus
Elemento: Água
Gênero: Feminino (Yin)
Caráter energético: Condutor
Chacra: Todos
Pedra: Quartzo Rosa
Cor: Branco
Orixá: Exu, Omolu, Oxalá
Servidor: A Curandeira
Estação: Outono
Lua: Minguante
Tarô: Estrela
Signo: Peixes

Restrições e precauções

Embora o consumo da babosa tenha se tornado popular por suas propriedades incríveis, é importante lembrar que ela pode causar cólicas e diarreia. Se você está tomando alguma medicação, consulte seu médico antes de começar a beber o suco da babosa. Pode haver interação medicamentosa, dependendo do remédio que você estiver usando. E, claro, mulheres grávidas e lactantes devem evitar o consumo.

O gel de babosa, para uso tópico (externo), é maravilhoso e seguro para todos, inclusive para as crianças. Apenas tenha cuidado se você tiver alergia a essa planta, o que é bem raro.

Sobre a babosa

A babosa é uma planta maravilhosa, cheia de energia de equilíbrio, amizade, amor, paz, mas principalmente de cura e beleza. Ela não só tem efeitos medicinais incríveis como revitaliza nosso campo astral e amplia nosso magnetismo.

Energia sutil: A babosa é um estimulante da regeneração em todos os níveis – desde a regeneração celular e da pele (antirrugas) até a cura de feridas. E essa energia se estende também à mente, mudando até nossos pensamentos.

Olhar por Edu Parmeggiani: A babosa é indispensável para regenerar nossa aura e campo energético. Ela é excepcional nisso. E as propriedades cicatrizantes? Um verdadeiro milagre. Uma vez, queimei o rosto em uma pequena explosão e me tratei com babosa. Hoje não tenho nenhuma cicatriz!

E não vamos esquecer das magias de beleza, como o fato de essa planta ajudar na remoção da maquiagem, previnir o aparecimento de rugas e estimular o crescimento do cabelo. Se você quer melhorar sua autoestima, a babosa pode e vai te dar esse empurrão! Então, aproveite essa magia incrível!

Pensando nisso, você consegue se lembrar de alguém com habilidades parecidas? Eu sempre me lembro de Katara, da série animada *Avatar: a Lenda de Aang*. Ela é a Mestra da Água do Polo Sul e usa suas habilidades não só para lutar, mas também para curar. Katara é fundamental para resolver os conflitos do grupo e preservar a amizade, o amor e a paz entre eles.

Katara também passa por um processo de regeneração mental e emocional ao longo da série, superando desafios pessoais e evoluindo em seus conhecimentos e em sua técnica. Da mesma forma, a babosa pode ser uma ferramenta para nossa regeneração.

Bambu

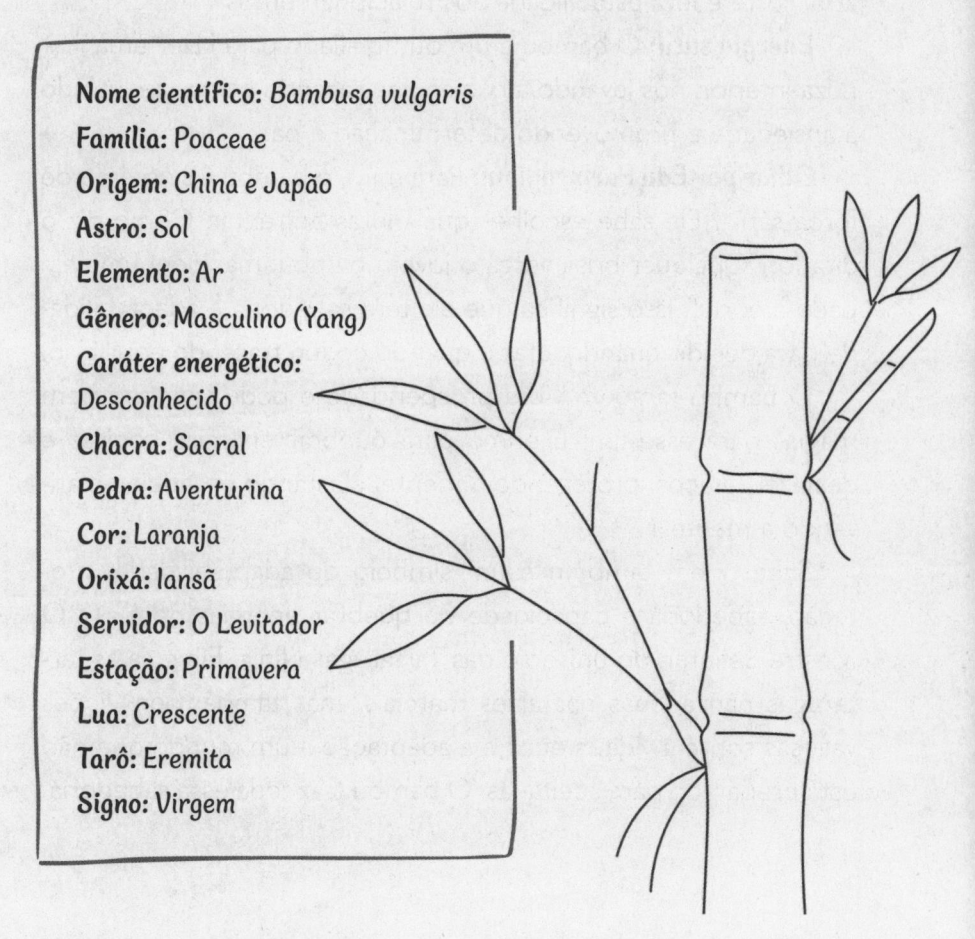

> **Nome científico:** *Bambusa vulgaris*
> **Família:** Poaceae
> **Origem:** China e Japão
> **Astro:** Sol
> **Elemento:** Ar
> **Gênero:** Masculino (Yang)
> **Caráter energético:** Desconhecido
> **Chacra:** Sacral
> **Pedra:** Aventurina
> **Cor:** Laranja
> **Orixá:** Iansã
> **Servidor:** O Levitador
> **Estação:** Primavera
> **Lua:** Crescente
> **Tarô:** Eremita
> **Signo:** Virgem

Restrições e precauções

Atenção ao bambu: várias espécies são tóxicas e não devem ser ingeridas. Então, nada de colocar o bambu no prato, combinado?

Sobre o bambu

O bambu é uma planta incrível, cheia de energia de adaptabilidade, clarividência, harmonia, sorte, proteção e sabedoria. É muito usado como planta ornamental e pode ser incluído em diversos processos mágickos. Além disso, tem poderes protetivos, quebrando energias nocivas antes que elas cheguem até você. Ele atrai sorte e leva estabilidade aos relacionamentos.

Energia sutil: O bambu é um ótimo aliado para fazer uma limpeza interior, nos levando à paciência, trazendo calma, reduzindo a ansiedade e promovendo determinação e paz.

Olhar por Edu Parmeggiani: Para mim, o bambu é sinônimo de força sábia. Ele sabe escolher quais lutas enfrentar. Como diz o ditado: "Qualquer brisa verga o jovem bambu, mas nenhuma espada o corta". Isso significa que ele tem sabedoria e adaptabilidade para decidir quando lutar e quando ceder, trazendo equilíbrio.

O bambu também vibra prosperidade e pode ser usado em magias para esse fim. É ótimo para quebrar energias nocivas e desfazer feitiços, protegendo a mente, afastando pesadelos e ativando a mente.

Sabe quem também é um símbolo de adaptabilidade, proteção, sabedoria e capacidade de quebrar energias nocivas? O Mestre Splinter, do universo das Tartarugas Ninja. Ele guia as tartarugas não apenas nas artes marciais, mas também em lições valiosas sobre a vida, a ética e a adaptação a um mundo que não está preparado para aceitá-las. O bambu traz toda essa sabedoria.

Baunilha

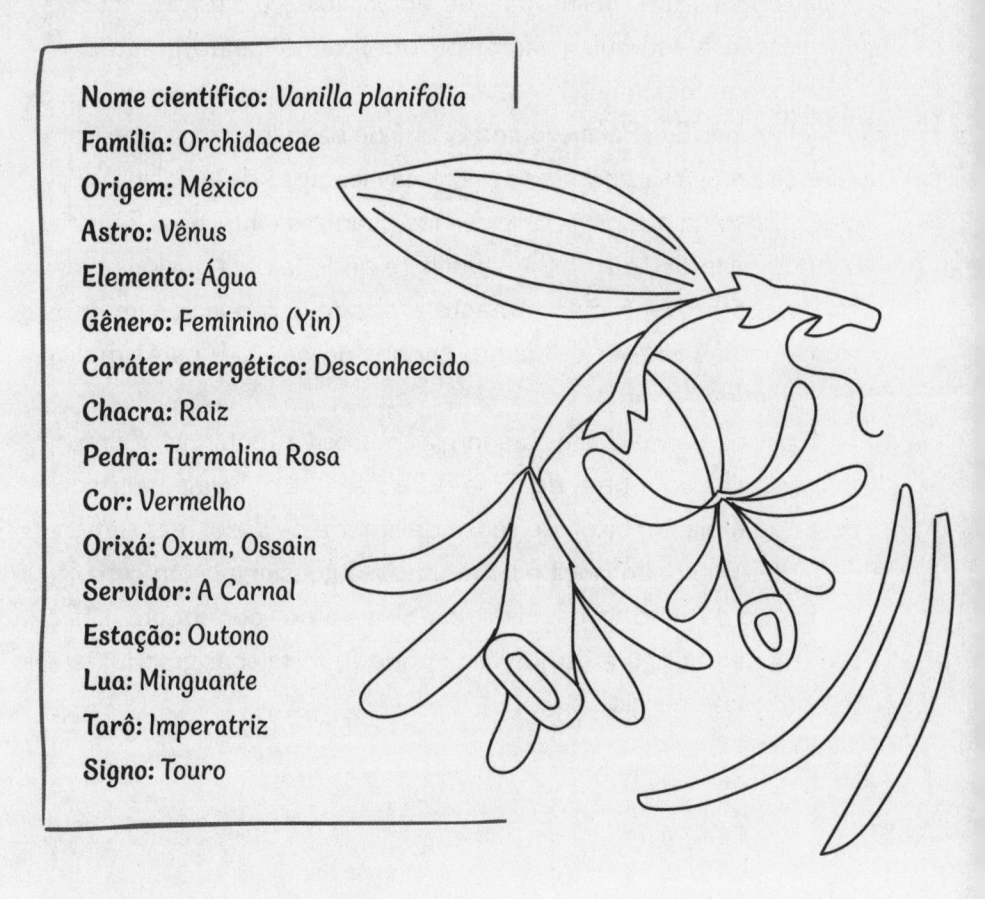

Nome científico: *Vanilla planifolia*
Família: Orchidaceae
Origem: México
Astro: Vênus
Elemento: Água
Gênero: Feminino (Yin)
Caráter energético: Desconhecido
Chacra: Raiz
Pedra: Turmalina Rosa
Cor: Vermelho
Orixá: Oxum, Ossain
Servidor: A Carnal
Estação: Outono
Lua: Minguante
Tarô: Imperatriz
Signo: Touro

Restrições e precauções

Tenho boas notícias sobre a baunilha: não há registros de efeitos adversos ou tóxicos. Então, pode usar sem medo!

Sobre a baunilha

A baunilha é uma planta maravilhosa, cheia de energia de atração, conforto, felicidade, amor, sorte e paixão. Desde a flor até as famosas favas, a baunilha é muito usada em magias, poções e banhos para atrair o amor. Ela está profundamente ligada à doçura, ao romantismo e à atração.

Energia sutil: A baunilha é capaz de diminuir o estresse, aliviar cólicas e auxiliar em sintomas de enjoo, tosse e alergias. Ela traz purificação e estimula o amor-próprio, aumentando a autoconfiança e a autoestima.

Olhar por Edu Parmeggiani: O chá de baunilha preparado com intenção mágicka pode ser uma fantástica dose de amor-próprio. Ele fortalece tanto os laços externos quanto os internos! E, claro, quando falamos de amor, a baunilha é perfeita para qualquer magia que torne você mais atraente e aberto aos relacionamentos românticos. Pode ser usada em banhos de beleza e para ampliar a felicidade.

Mas não pense que essa energia amorosa é "bobinha". Comparo a baunilha com Bela, do filme *A Bela e a Fera*. Bela é uma princesa que exala um caloroso senso de amor e cuidado, mas sempre com muita autoconfiança e mantendo a autoestima lá em cima.

Esse é o brilho da baunilha: carinho e amor com quem está à sua volta e consigo mesmo! Você pode se fortalecer grandemente com essa energia.

Beladona

Nome científico: *Atropa belladonna*
Família: Solanaceae
Origem: Europa e Norte da África
Astro: Saturno
Elemento: Água
Gênero: Feminino (Yin)
Caráter energético: Desconhecido
Chacra: Laríngeo
Pedra: Ônix
Cor: Preto
Orixá: Exu, Oyá
Servidor: A Morta
Estação: Outono
Lua: Minguante
Tarô: O Mundo
Signo: Libra

Restrições e precauções

A beladona é uma planta extremamente tóxica, por isso sua ingestão é totalmente desaconselhada, e seu manuseio deve ser feito com muita cautela.

Sobre a beladona

A beladona é fascinante, associada tanto à morte quanto à visão espiritual. Seu nome, que vem do italiano e significa "bela mulher", é enganosamente sedutor, assim como suas bagas negras. Ela é uma planta de transformação e limites, frequentemente usada em rituais que envolvem o submundo, a comunicação com os mortos e a obtenção de visões proféticas.

Energia sutil: A beladona tem o poder de desbloquear portas psíquicas e de trazer à tona medos e traumas reprimidos. É usada para trabalhar questões profundas da psique, auxiliando na liberação de bloqueios emocionais e na transformação de padrões nocivos. Mas atenção: ela não é para os fracos de espírito, exigindo profundo autoconhecimento e respeito pelas forças que governam o oculto.

Olhar de Edu Parmeggiani: A beladona é uma planta de extremos. Pode ser usada em rituais de necromancia para facilitar a comunicação com os espíritos, bem como em trabalhos de cura emocional profunda, sempre com a devida precaução. Sua energia potente pode ser canalizada para quebrar maldições ou criar poderosos feitiços de proteção, mas sempre com o entendimento de que o preço a pagar pode ser alto.

A beladona também desempenha um papel especial em rituais de transformação pessoal e de transmutação de energias. Em poções e unguentos, ela ajuda em trabalhos de sombra, auxiliando o praticante a enfrentar e integrar aspectos reprimidos de si mesmo. Deve ser usada com profundo respeito e compreensão das leis ocultas, dada sua natureza volátil e perigosa. Lembre-se sempre: ela é extremamente tóxica e deve ser manuseada com o máximo de cautela.

Pense na minha "bela mulher", a Bruxa Malvada do Oeste: Elphaba, do musical *Wicked*. Ela é complexa e malcompreendida, mas sua aparência e poderes a tornam objeto de medo e reverência. Elphaba tem habilidades mágickas que lidam com temas de vida, morte e transformação. Ela é frequentemente associada ao oculto e ao uso de magias que envolvem a comunicação com forças além do mundo visível.

Essa personagem passa por uma profunda transformação pessoal ao longo da história, lutando contra os preconceitos e o medo dos outros enquanto explora e aceita suas próprias capacidades, muitas vezes sombrias. Da mesma forma, a beladona pode ser usada em rituais de transformação e transmutação de energias, com sua capacidade de revelar e integrar aspectos reprimidos.

Cacau

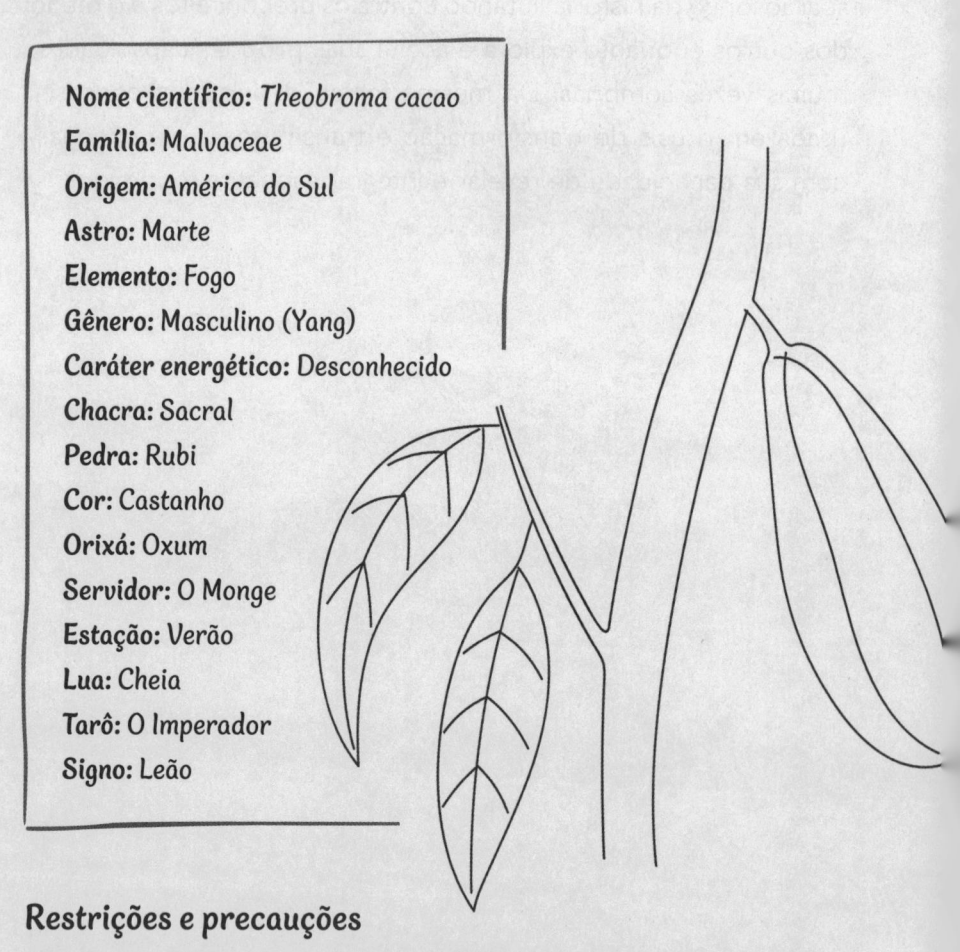

Nome científico: *Theobroma cacao*
Família: Malvaceae
Origem: América do Sul
Astro: Marte
Elemento: Fogo
Gênero: Masculino (Yang)
Caráter energético: Desconhecido
Chacra: Sacral
Pedra: Rubi
Cor: Castanho
Orixá: Oxum
Servidor: O Monge
Estação: Verão
Lua: Cheia
Tarô: O Imperador
Signo: Leão

Restrições e precauções

O cacau pode provocar azia e agravar sintomas de insônia, ansiedade e irritabilidade. Se você é gestante, consuma com moderação, por causa da cafeína presente nele.

Sobre o cacau

O cacau é incrível! Sua energia está associada à conexão espiritual, servindo como um catalisador para a transformação e o despertar da consciência. É uma ferramenta poderosa para ativar a energia vital e a criatividade.

Energia sutil: Tanto no aspecto físico quanto no energético, o cacau é usado para trazer bem-estar e vitalidade. Ele ajuda a alinhar e equilibrar o chacra sacral, permitindo maior fluidez emocional e criativa. Serve como um portal para acessar estados mais elevados de consciência, tornando-se um aliado poderoso para quem busca autodescoberta e transformação espiritual.

Olhar por Edu Parmeggiani: O cacau é excelente para rituais que buscam despertar a paixão, a criatividade e a vitalidade. Ele também é ótimo para rituais de cura emocional, ajudando a liberar bloqueios e traumas que impedem o fluxo natural da energia vital.

Com sua longa história como "alimento dos deuses", o cacau é perfeito para buscar a conexão com o divino ou com o próprio eu superior. Pode ser incorporado a práticas de meditação e visualização, servindo como um amplificador energético que facilita o acesso a estados alterados de consciência. É maravilhoso em cerimônias que visam ao bem-estar coletivo, reforçando laços e harmonizando as energias do grupo.

Pensando em alguém que simbolize todas essas qualidades do cacau, sempre lembro de T'Challa, o Pantera Negra da Marvel. T'Challa, o rei de Wakanda, é um personagem que simboliza a vitalidade, a conexão espiritual e a criatividade. Sua ligação com a tradição e os ancestrais de Wakanda, junto a seu papel como guardião do vibranium, reflete com perfeição a energia do cacau como um portal para estados elevados de consciência e transformação espiritual.

Assim como o cacau é utilizado em rituais para despertar a paixão e a criatividade, T'Challa, com seu traje de Pantera Negra, invoca a força e a sabedoria dos que vieram antes dele, transformando-se e adaptando-se para proteger seu povo e sua cultura. Sua presença é energizante e inspiradora, do mesmo modo que o cacau é ideal para rituais de cura emocional e para liberar bloqueios, permitindo um fluxo natural de energia vital e criatividade.

Café

Nome científico: *Coffea sp.*
Família: Rubiaceae
Origem: Diversa
Astro: Marte
Elemento: Fogo
Gênero: Masculino (Yang)
Caráter energético: Desconhecido
Chacra: Plexo Solar
Pedra: Heliotrópio
Cor: Marrom
Orixá: Omolu
Servidor: O Reparador
Estação: Verão
Lua: Cheia
Tarô: Força
Signo: Leão

Restrições e precauções

Apesar de ser uma bebida amplamente consumida, o excesso de café pode acelerar os batimentos cardíacos, ocasionando arritmia e convulsões. Além disso, exagerar no café pode causar vômito, diarreia, letargia e desorientação. Então, vamos usar com moderação, certo?

Sobre o café

O café está ligado à energia, à velocidade, à vitalidade, à realização e à força. Essas características podem ser incorporadas a qualquer ato mágicko em que se use o café, seja como bebida, como banho, em incensos e em defumações.

Energia sutil: O café tem a capacidade de ativar o funcionamento do cérebro e dos corpos mentais, iluminando a mente. Ele ajuda na concentração para alcançar seus objetivos e ativa a alegria e a motivação, dissipando sentimentos de apatia e tristeza.

Olhar por Edu Parmeggiani: O café é um grande aliado para seguir nossos sonhos e desejos, conferindo um estado de ânimo forte, ativo e combativo. Ele é eficaz para combater o mal, cortar feitiços e afastar energias nocivas, seja em banhos ou defumações.

Em rituais ligados à saúde, o café pode ajudar o organismo a reagir. Mas cuidado: ele pode induzir febre devido à sua energia muito forte, requerendo atenção extra. E o café é poderoso também em magias e rituais relacionados ao amor, potencializando a paixão e a libido.

Pensando nisso, quem melhor para simbolizar o café do que Tony Stark, o Homem de Ferro da Marvel? Com sua mente brilhante e incansável, ele personifica a energia, a velocidade e a vitalidade do café. Sua capacidade de se concentrar intensamente em seus projetos, criando tecnologias inovadoras e enfrentando desafios com um temperamento forte e combativo, reflete a essência do café, que ilumina a mente e ajuda na realização de objetivos.

Assim como o café pode dissipar sentimentos de apatia e tristeza, Tony Stark, mesmo diante das adversidades, sempre encontra motivação para seguir em frente e proteger aqueles que ama. Sua presença é revitalizante, irradiando força e alegria ao seu redor. Nos momentos de crise, sua engenhosidade e rapidez em encontrar soluções são comparáveis à capacidade do café de ativar o funcionamento do cérebro e dos corpos mentais.

Calêndula

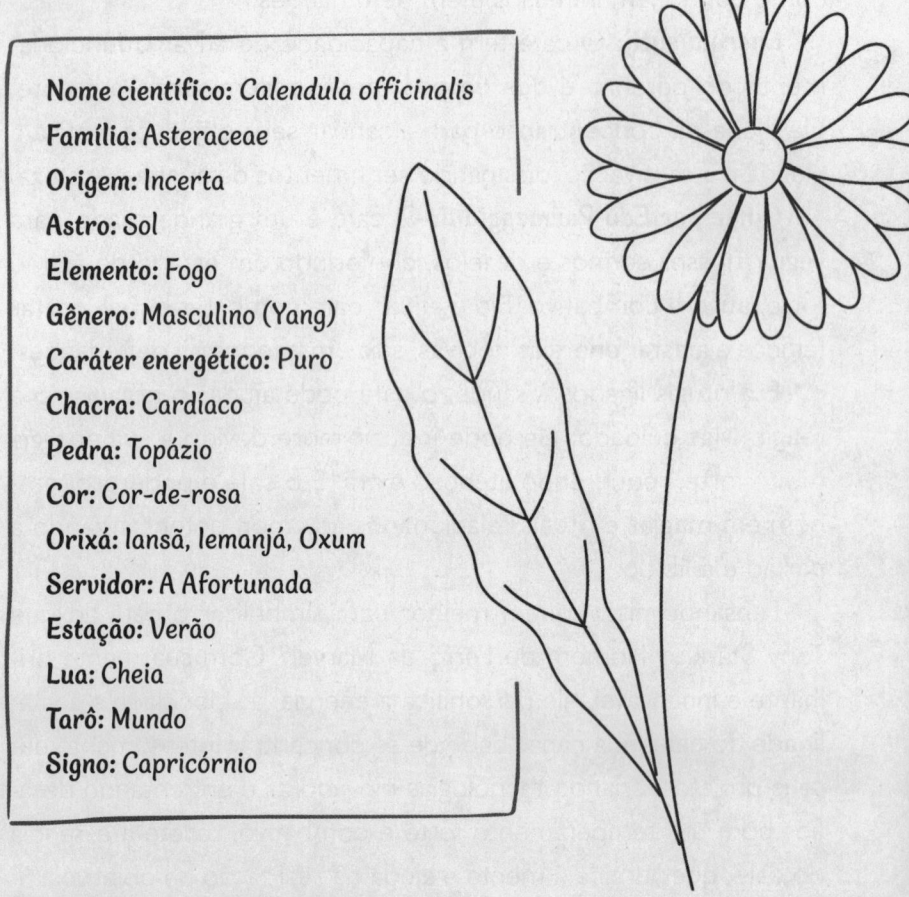

Nome científico: *Calendula officinalis*
Família: Asteraceae
Origem: Incerta
Astro: Sol
Elemento: Fogo
Gênero: Masculino (Yang)
Caráter energético: Puro
Chacra: Cardíaco
Pedra: Topázio
Cor: Cor-de-rosa
Orixá: Iansã, Iemanjá, Oxum
Servidor: A Afortunada
Estação: Verão
Lua: Cheia
Tarô: Mundo
Signo: Capricórnio

Restrições e precauções

É importante saber que a calêndula não é recomendada para mulheres grávidas. Lembre-se de que o uso abusivo de qualquer planta medicinal pode ser perigoso. No caso da calêndula, o excesso pode provocar depressão, nervosismo, falta de apetite, náuseas e vômitos. Então, sempre use com moderação.

Sobre a calêndula

A calêndula é uma planta maravilhosa, cheia de energia ligada ao amor, ao dinheiro, ao sucesso, à comunicação e ao fim do medo.

Ela nos impulsiona a agir em direção àquilo que nos traz a verdadeira felicidade.

Energia sutil: A calêndula tem o poder incrível de ajudar você a encontrar sua missão de vida e alcançá-la. Essa planta também traz satisfação com o que você já tem, construindo responsabilidade diante do ciclo de vida e elevando a frequência dos pensamentos com alegria e amor. Além disso, ela ajuda a criar uma ligação de respeito e carinho com todos os animais.

Olhar por Edu Parmeggiani: A calêndula está profundamente associada à proteção e ao equilíbrio, ao fortalecimento do coração e das emoções. Ela estimula o desenvolvimento espiritual e o fortalecimento das nossas vontades. E pode nos ajudar a encontrar nosso caminho de realização e nos acompanhar nessa jornada.

A energia solar da calêndula traz vitalidade e ânimo, podendo ser usada magickamente para proteção e direcionamento. Ela também é ótima para quem quer trabalhar a intuição.

Quando penso na calêndula, sempre lembro da Galadriel, dos livros e filmes de *O Senhor dos Anéis*. A Senhora de Lothlórien exala uma presença de amor, sabedoria e proteção. Sua conexão com a natureza e os seres vivos, e sua capacidade de guiar e aconselhar, refletem a essência da calêndula.

Galadriel é uma figura de luz e esperança, sempre impulsionando quem está por perto a agir em direção à verdadeira felicidade e missão de vida. Assim como a calêndula ajuda a encontrar e seguir nossa missão pessoal, Galadriel é uma guia espiritual para muitos personagens, oferecendo direção e apoio em suas jornadas. Sua energia protetora, que promove o equilíbrio, fortalece o coração e as emoções, proporcionando vitalidade e ânimo, exatamente como a calêndula faz. Ela também trabalha com a intuição e a sabedoria ancestral, sendo uma aliada poderosa em momentos de decisão e introspecção.

Camomila

Nome científico: *Chamomilla recutita*
Família: Asteraceae
Origem: Europa e Norte da Ásia
Astro: Sol
Elemento: Água
Gênero: Masculino (Yang)
Caráter energético: Puro
Chacra: Garganta
Pedra: Pedra da Lua
Cor: Azul-Esverdeado
Orixá: Oxalá, Oxum
Servidor: A Balanceadora
Estação: Outono
Lua: Minguante
Tarô: Carro
Signo: Câncer

Restrições e precauções

Cuidado com o excesso de camomila, que pode causar náuseas, vômitos, excitação e insônia. Moderação é a chave!

Sobre a camomila

A camomila é uma planta maravilhosa, cheia de energia de paz, calma, harmonia, sorte, alegria e prosperidade. Ela pode aumentar a prosperidade em qualquer aspecto da sua vida, e sua simples presença já afasta a inveja de um ambiente.

Energia sutil: Quando estamos nervosos ou hiperativos, a camomila nos ajuda a acalmar e a relaxar. Ela afasta a raiva, o medo, a repulsa, a falta de fé e facilita a cura dos sentimentos feridos. Também ajuda a renovar esperanças, perdoar, gerar otimismo e suprimir o estresse emocional.

Olhar por Edu Parmeggiani: A camomila é uma planta muito especial que nos auxilia a encontrar equilíbrio e acalmar nossas emoções. Ela exerce um impacto forte em nossa criatividade e comunicação, tornando mais fácil nos expressarmos com clareza sobre o que desejamos.

A camomila pode ser muito útil se você deseja trabalhar com sonhos, trazendo compreensão intuitiva e ajudando na introspecção e na ativação de visões.

Essas características me remetem ao Aang, de *Avatar: a Lenda de Aang*. Aang, o último dobrador de ar e Avatar, representa com perfeição a energia da camomila com sua natureza pacífica, equilibrada e harmoniosa. Ele leva calma e paz aonde quer que vá, ajudando a resolver conflitos e a restaurar a harmonia entre as nações. Aang também é uma fonte de alegria e otimismo, mesmo diante das adversidades, refletindo a capacidade da camomila de renovar esperanças e aliviar o estresse emocional.

Assim como a camomila ajuda a aplacar o nervosismo e a raiva, Aang, com sua personalidade gentil e compassiva, é capaz de acalmar os ânimos e promover a paz. Sua conexão com o espiritual e sua habilidade de entrar no estado Avatar para obter visões e orientação ressoam com a energia da camomila, que auxilia na introspecção e na compreensão intuitiva.

Canela

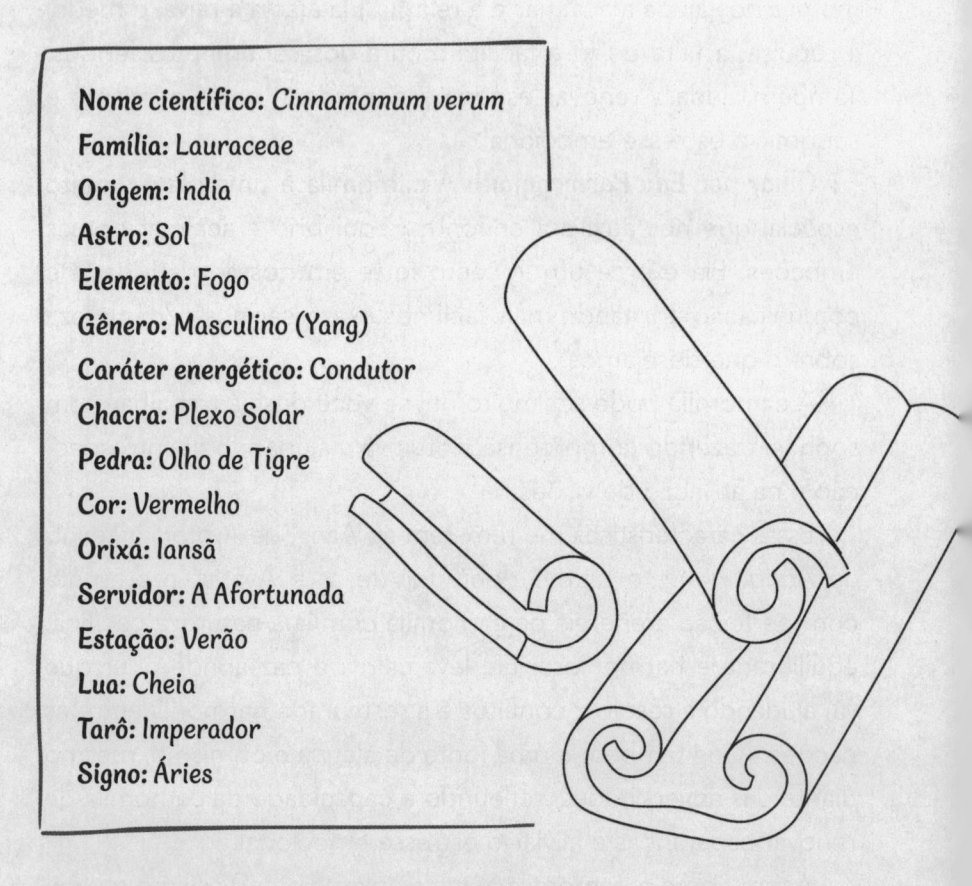

Nome científico: *Cinnamomum verum*
Família: Lauraceae
Origem: Índia
Astro: Sol
Elemento: Fogo
Gênero: Masculino (Yang)
Caráter energético: Condutor
Chacra: Plexo Solar
Pedra: Olho de Tigre
Cor: Vermelho
Orixá: Iansã
Servidor: A Afortunada
Estação: Verão
Lua: Cheia
Tarô: Imperador
Signo: Áries

Restrições e precauções

Se você está grávida, é melhor evitar o uso da canela. Além disso, algumas pessoas podem ter sensibilidade a ela, apresentando irritações cutâneas. Então, sempre teste um pouco antes de usá-la.

Sobre a canela

A canela tem sua energia ligada a proteção, prosperidade, fartura, sucesso, poder, amor e paixão. É muito usada em magias para atrair dinheiro e pode ajudar você a encontrar novos ganhos, a conseguir um novo emprego ou até a obter um aumento.

Energia sutil: A canela promove a conexão com a fonte criativa do cosmo. Ela remove a frieza, a ingratidão, a rebeldia, a insensibilidade, o ressentimento, a falta de emoção e de fé, além de ativar a proteção espiritual.

Olhar por Edu Parmeggiani: A canela tem um poder especial no reino astral. Ela nos ajuda a ter percepções conscientes e pode ser usada para trabalhar a clarividência, a concentração e o foco. Tem uma força incrível para estimular áreas ligadas à espiritualidade.

Na magia financeira, a canela pode atrair resultados de diversas maneiras, algumas menos óbvias que outras. Ideias de projetos, trabalhos, novos negócios e oportunidades podem surgir. Ela atrai poder e sucesso.

Lembra-se do fenômeno *Game of Thrones*? A canela é a própria Daenerys Targaryen, a Mãe dos Dragões. Daenerys exala a energia da canela com seu poder, paixão e determinação. Essa figura de proteção e prosperidade luta constantemente por justiça e liberdade para seu povo. Sua conexão com os dragões e sua capacidade de inspirar e liderar refletem a força da canela em atrair sucesso, amor e poder.

Assim como a canela remove a frieza e ativa a proteção espiritual, Daenerys demonstra uma profunda sensibilidade e empatia, transformando o ressentimento e a falta de fé em uma força poderosa para a mudança. Sua jornada é marcada por novas percepções e oportunidades, características que ressoam com a canela, que traz novas ideias e atrai a prosperidade de maneiras inesperadas.

Capim-limão (capim-cidreira)

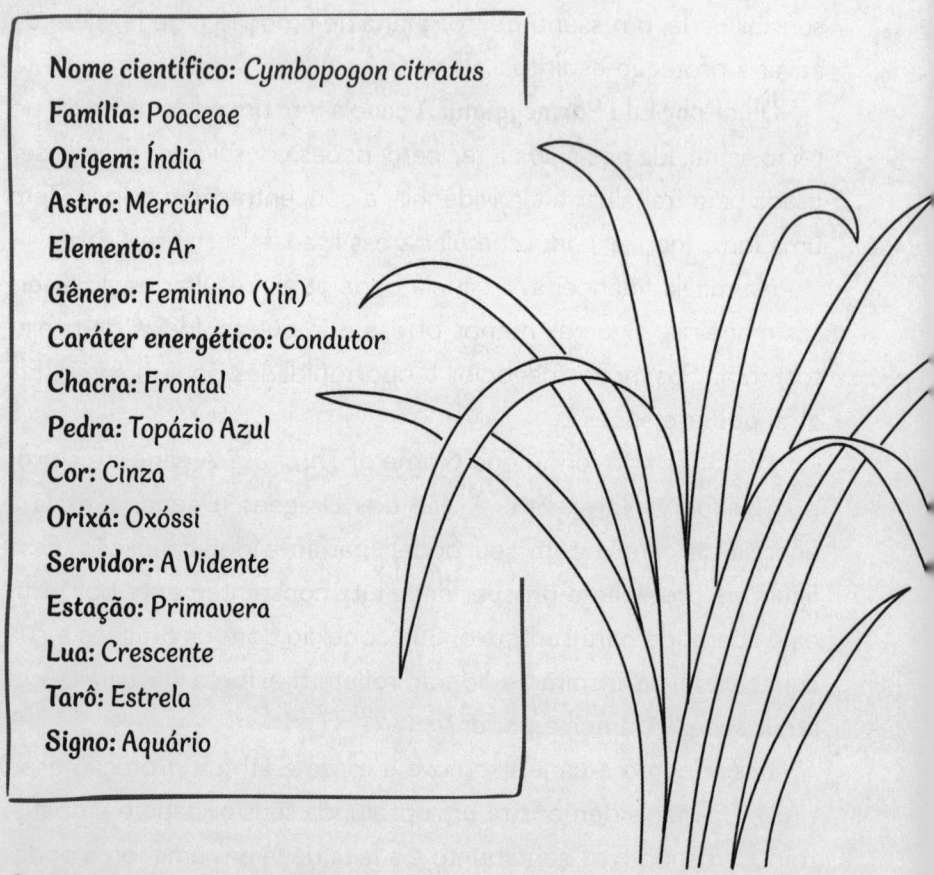

Nome científico: *Cymbopogon citratus*
Família: Poaceae
Origem: Índia
Astro: Mercúrio
Elemento: Ar
Gênero: Feminino (Yin)
Caráter energético: Condutor
Chacra: Frontal
Pedra: Topázio Azul
Cor: Cinza
Orixá: Oxóssi
Servidor: A Vidente
Estação: Primavera
Lua: Crescente
Tarô: Estrela
Signo: Aquário

Restrições e precauções

Se você for sensível ao capim-limão, ele pode provocar gastrite e azia. Para evitar isso, é importante coá-lo e filtrá-lo bem antes de beber. E fique longe dele se você tiver úlcera péptica, combinado?

Sobre o capim-limão

O capim-limão tem uma energia branda e atua diretamente na clareza, intuição, harmonia, paz, calma e tranquilidade. Ele tem uma vibração calmante que melhora nossas qualidades mentais e de sono.

Energia sutil: O capim-limão é maravilhoso para remover estados obsessivos mentais, de ansiedade geral, nervosismo e irritação, criando um ambiente de harmonia. Ele ajuda a regular o sono, melhorando sua qualidade, afastando pesadelos e reduzindo a insônia.

Olhar por Edu Parmeggiani: O capim-limão trabalha muito com processos mentais de maneira geral. Ele pode ser usado para aumentar a criatividade, a intuição e a clareza mental, ajudando no discernimento e na expressão.

Se você busca abrir ou ampliar os poderes psíquicos ou a clarividência, essa planta pode te ajudar. Além de acalmar, ela ajuda a amenizar sintomas depressivos.

Quando penso nas qualidades do capim-limão, lembro sempre de Yoda, de *Star Wars*. Yoda, o Mestre Jedi, é a personificação da clareza, intuição, harmonia e calma. Sua presença serena e suas palavras sábias ajudam a trazer paz e tranquilidade, mesmo nos momentos mais turbulentos. Assim como o capim-limão, Yoda remove estados de obsessão mental e ansiedade, promovendo um ambiente de harmonia e clareza.

Sua capacidade de acessar e ampliar os poderes psíquicos, a clarividência e a intuição reflete a energia sutil do capim-limão. Yoda é um guia espiritual que ajuda a regular os processos mentais e a melhorar a qualidade do sono e da meditação, mantendo os pesadelos longe de você e trazendo uma sensação de serenidade.

Cardamomo

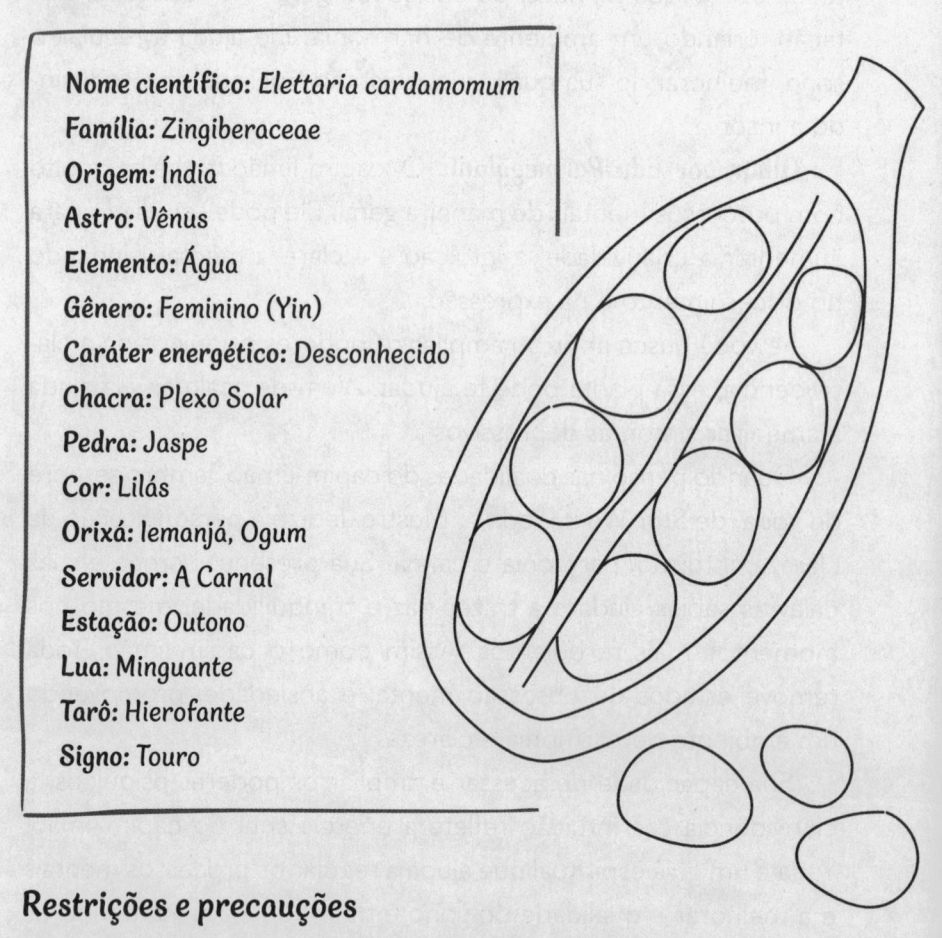

Nome científico: *Elettaria cardamomum*
Família: Zingiberaceae
Origem: Índia
Astro: Vênus
Elemento: Água
Gênero: Feminino (Yin)
Caráter energético: Desconhecido
Chacra: Plexo Solar
Pedra: Jaspe
Cor: Lilás
Orixá: Iemanjá, Ogum
Servidor: A Carnal
Estação: Outono
Lua: Minguante
Tarô: Hierofante
Signo: Touro

Restrições e precauções

O consumo excessivo de cardamomo pode causar reações como alergias e vômitos. Então, vá com calma.

Sobre o cardamomo

A energia do cardamomo está ligada a calma, concentração, amor, cura, coragem, intuição e paixão. Ele é perfeito para ativar processos de purificação e equilibrar as emoções e os desejos internos.

Energia sutil: O cardamomo amplia o poder de sedução e atua na atração do amor, do poder e da vitalidade. Ele traz ânimo e elimina a animosidade, ajudando também a dar movimento àquilo que está parado ou estagnado.

Olhar por Edu Parmeggiani: O cardamomo ativa nosso poder de sedução. Quer se tornar mais atraente e ampliar seu magnetismo? O cardamomo é seu aliado. Ele atiça o sentimento de coragem, ajudando pessoas tímidas a se arriscarem mais!

Ele também é excelente para aumentar a calma, a concentração e a intuição durante meditações, estudos ou trabalho.

Olha que divertido: eu associo o cardamomo com Mortícia Addams, de *A Família Addams*. Mortícia exala uma aura de calma, concentração e uma sedução magnética inconfundível. Assim como o cardamomo, essa personagem tem uma energia que atrai amor, poder e vitalidade. Sua presença é ao mesmo tempo tranquila e intensamente cativante, refletindo a habilidade do cardamomo de ativar processos de purificação e equilíbrio das emoções.

A coragem e a intuição de Mortícia, com a sua capacidade de manter a calma e o foco em qualquer situação, fazem dela uma representação perfeita das qualidades do cardamomo. Ela tem um poder sutil, mas profundo de sedução e influência, sempre mantendo um ar de mistério e encanto, exatamente como a energia dessa especiaria.

Cebola

Nome científico: *Allium cepa*
Família: Amaryllidaceae
Origem: Ásia Central
Astro: Marte
Elemento: Fogo
Gênero: Masculino (Yang)
Caráter energético: Desconhecido
Chacra: Básico
Pedra: Turmalina
Cor: Roxo
Orixá: Xangô
Servidor: O Protetor
Estação: Verão
Lua: Cheia
Tarô: A Temperança
Signo: Sagitário

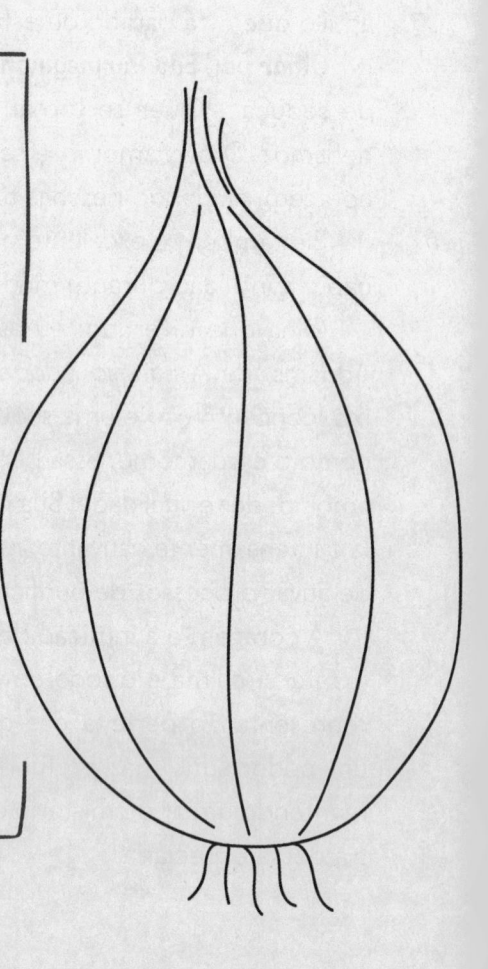

Restrições e precauções

A cebola deve ser evitada por pessoas de estômago sensível, com tendência à formação de gases ou de acidez estomacal. Se você tem hipertensão, cardiopatia ou diabetes, consuma cebola com moderação, e converse com seu médico sobre esse vegetal.

Sobre a cebola

A cebola é uma planta poderosa, conhecida por sua força de purificação e proteção. Ela serve como um escudo contra energias nocivas e entidades mal-intencionadas. Tem a capacidade de revelar a verdade escondida, cortando as ilusões e os enganos.

Energia sutil: A energia da cebola ajuda a ancorar e estabilizar as energias. Ela atua transmutando traumas e dores através do fogo interno. Esse processo pode ser intenso, mas é profundamente curativo, ajudando a pessoa a se libertar de padrões emocionais e mentais que já não servem mais.

Olhar por Edu Parmeggiani: O uso mágicko mais comum da cebola é em rituais de purificação e proteção. Suas camadas podem ser vistas como barreiras energéticas que ajudam a afastar influências nocivas. Além disso, ela pode ser empregada em feitiços para revelar verdades ocultas, sendo uma aliada poderosa em trabalhos de divinação e clarividência.

Em um contexto mais avançado, a cebola pode ser usada em magias de transformação e renovação. Seu poder de "descascar" camadas de energia faz dela uma ferramenta eficaz para trabalhos de cura profunda, especialmente aqueles que envolvem a liberação de traumas passados e bloqueios emocionais.

Fãs de *O Senhor dos Anéis*, aqui temos Gandalf, o mago sábio e poderoso, que simboliza a energia de purificação e proteção da cebola. Ele serve como um escudo contra as forças do mal e constantemente revela verdades ocultas para guiar seus aliados através das ilusões e dos enganos. Assim como a cebola, Gandalf é um mestre em transmutar traumas e dores, ajudando aqueles que o cercam a se libertarem de padrões emocionais e mentais que não lhes servem mais.

A habilidade de Gandalf de ancorar e estabilizar energias, trazendo clareza e segurança em momentos de grande tumulto, reflete a essência da cebola. Sua capacidade de descascar camadas de mistério e de revelar a verdade faz dele um guia espiritual e um protetor poderoso, exatamente como a cebola em rituais de cura profunda e renovação.

Coentro

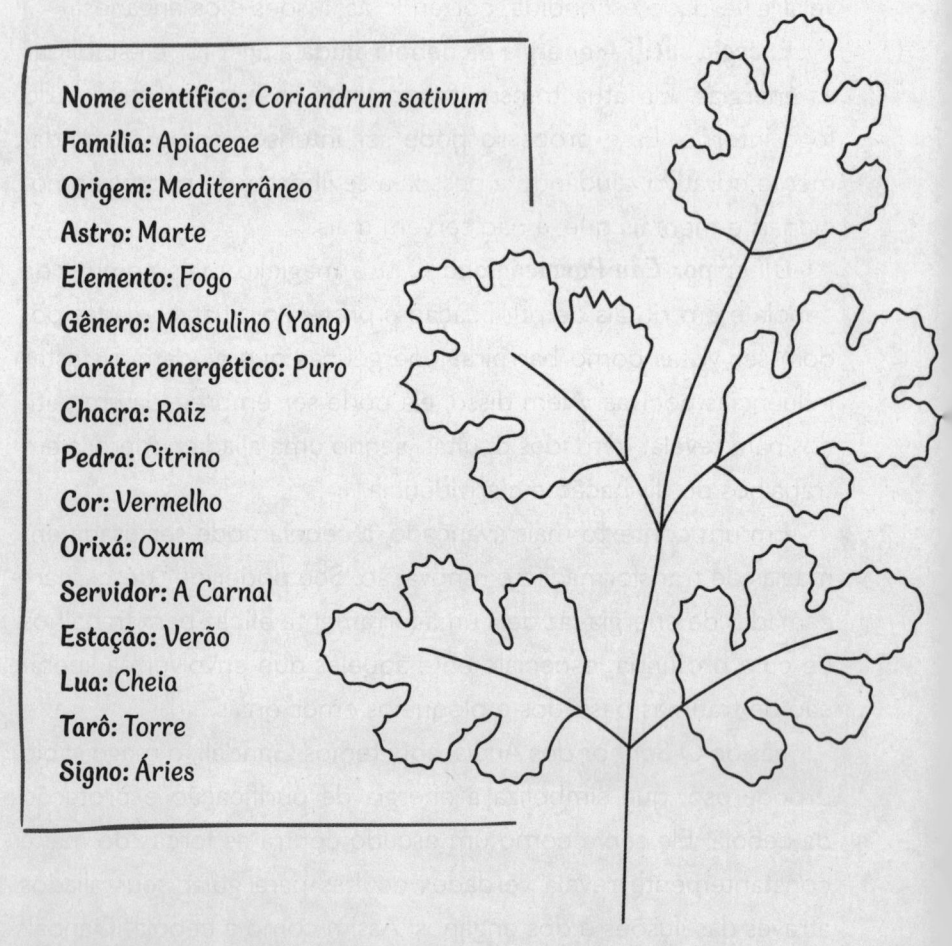

Nome científico: *Coriandrum sativum*
Família: Apiaceae
Origem: Mediterrâneo
Astro: Marte
Elemento: Fogo
Gênero: Masculino (Yang)
Caráter energético: Puro
Chacra: Raiz
Pedra: Citrino
Cor: Vermelho
Orixá: Oxum
Servidor: A Carnal
Estação: Verão
Lua: Cheia
Tarô: Torre
Signo: Áries

Restrições e precauções

Não há registros de efeitos adversos ou tóxicos relacionados ao coentro. Tranquilo, né? Só lembre de consumir sem excessos.

Sobre o coentro

O coentro traz fertilidade, proteção, felicidade, cura, amor, paz e bem-estar. A presença dessa planta fortalece a proteção do ambiente e das pessoas que vivem nele. Além disso, ela atua na nossa memória.

Energia sutil: O coentro ajuda a pensar de maneira mais elevada na sua evolução espiritual e nos valores da vida. Ele traz compreensão ao lidar com o nível de consciência de cada um, evitando choques emocionais. Equilibra a energia masculina e combate a arrogância excessiva, o ego e a inutilidade. Também ajuda a reduzir o desejo excessivo e a hipersexualidade, promove a capacidade de raciocinar e evoca elegância e nobreza em todos os sentidos.

Olhar por Edu Parmeggiani: O coentro trabalha nossa ligação com o plano físico e pode ser usado para melhorar a autoestima, especialmente quando ela está abalada por dores causadas por relacionamentos. Essa erva ajuda a atrair novos amores para quem está com o coração partido.

Sua energia também traz felicidade, paz e bem-estar, promovendo a autorrealização. Pode aumentar seu campo de influência, melhorando relações em comunidade, grupos e amizades. Pensando nesses detalhes, eu vejo aqui o Rei Mufasa, de *O Rei Leão*.

Mufasa, o sábio e nobre rei da savana, simboliza a energia de proteção, paz e bem-estar do coentro. Ele é uma figura de autoridade benevolente que traz compreensão e equilíbrio ao seu reino. Assim como o coentro, Mufasa fortalece a autoestima e ajuda a encontrar o caminho para a autorrealização e a felicidade, não só para si, mas também para todos ao seu redor.

A presença de Mufasa equilibra a energia masculina e combate a arrogância, ensinando lições valiosas sobre humildade e sabedoria. Sua capacidade de guiar e proteger, mantendo a paz e o bem-estar, reflete a essência do coentro. Além disso, Mufasa ajuda Simba a lidar com suas emoções e a encontrar seu verdadeiro caminho, assim como o coentro pode ajudar a atrair novos amores e restaurar a confiança em tempos difíceis.

Comigo-ninguém-pode

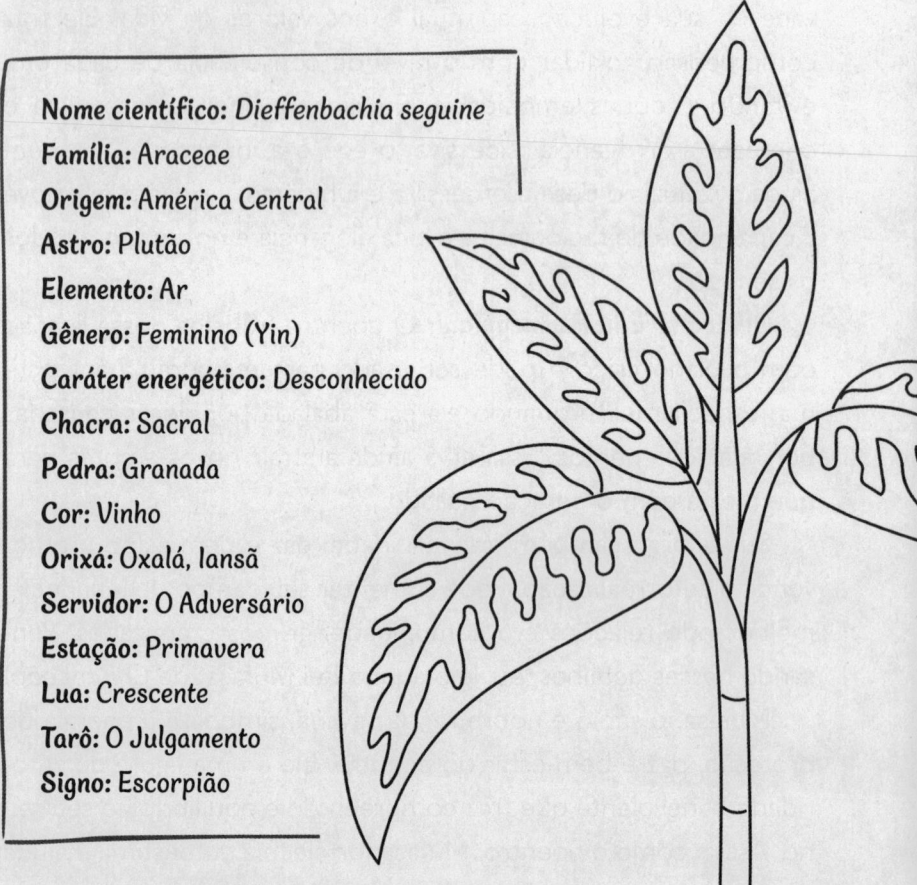

Nome científico: *Dieffenbachia seguine*
Família: Araceae
Origem: América Central
Astro: Plutão
Elemento: Ar
Gênero: Feminino (Yin)
Caráter energético: Desconhecido
Chacra: Sacral
Pedra: Granada
Cor: Vinho
Orixá: Oxalá, Iansã
Servidor: O Adversário
Estação: Primavera
Lua: Crescente
Tarô: O Julgamento
Signo: Escorpião

Restrições e precauções

O comigo-ninguém-pode é uma planta tóxica, cuja ingestão é proibida e o contato com a pele é desaconselhado. Manuseie-a com cautela, ok?

Sobre o comigo-ninguém-pode

Essa planta tem a energia da proteção e do empoderamento. É muito usada para defesa contra energias nocivas e entidades mal-intencionadas. Também é poderosa para quem busca fortalecer suas barreiras espirituais e emocionais.

Energia sutil: A energia do comigo-ninguém-pode ajuda a revelar as sombras interiores que muitas vezes ignoramos, permitindo uma integração mais completa do nosso ser. Ao mesmo tempo, essa planta age como um espelho, rebatendo as energias nocivas enviadas por outros e fortalecendo o campo áurico contra invasões psíquicas.

Olhar por Edu Parmeggiani: Além de suas propriedades protetoras, o comigo-ninguém-pode pode ser usado em rituais de purificação, especialmente quando se busca remover obstáculos ou bloqueios no caminho espiritual. Também é excelente para rituais de transformação e renovação.

Ele pode ser utilizado em magias que visam revelar verdades ocultas e desmascarar ilusões. Sua energia o torna útil em práticas que envolvem a sexualidade e as relações afetivas.

E aqui temos Jessica Jones, a heroína da Marvel. Ela é a personificação da proteção e do empoderamento, assim como o comigo-ninguém-pode. Sua força e determinação em se defender contra energias nocivas e entidades mal-intencionadas refletem a essência dessa planta poderosa. Jessica lida constantemente com suas próprias sombras interiores, integrando-as e usando essa força para proteger a si mesma e aos outros.

Assim como o comigo-ninguém-pode, Jessica Jones é um espelho que reflete e combate as energias do mal que lhe são enviadas, fortalecendo seu campo áurico contra invasões psíquicas. Sua capacidade de revelar verdades ocultas e desmascarar ilusões, enquanto lida com traumas e bloqueios, ressoa com as propriedades dessa planta. A relação complexa com a sexualidade e as relações afetivas fazem de Jessica uma representação perfeita da energia transformadora e reveladora do comigo-ninguém-pode.

Cominho

Nome científico: *Cuminum cyminum*
Família: Apiaceae
Origem: Mediterrâneo Oriental e Egito
Astro: Marte
Elemento: Fogo
Gênero: Masculino (Yang)
Caráter energético: Puro
Chacra: Sacral
Pedra: Turmalina Vermelha
Cor: Marrom
Orixá: Oxum, Xangô
Servidor: O Explorador
Estação: Verão
Lua: Cheia
Tarô: Morte
Signo: Escorpião

Restrições e precauções

Não há registros de efeitos adversos ou tóxicos associados ao cominho, se consumido com moderação. Ótima notícia, não é?

Sobre o cominho

O cominho tem sua energia ligada ao equilíbrio, ao banimento, ao amor, à harmonia, à purificação e à prosperidade. Pode ser usado para atrair uma nova paixão ou abrir novos caminhos. Também ajuda a criar uma aura de proteção.

Energia sutil: O cominho remove bloqueios emocionais e limpa a mente de velhas mágoas. Ele ajuda a entender os sentimentos alheios, a tomar iniciativas, a apoiar, a socializar, a melhorar o círculo de amizades e a expressar os sentimentos.

Olhar por Edu Parmeggiani: O cominho é excelente para banir espíritos e influências nocivas. Também é usado para prevenir roubos. Pode ser empregado em defumações para proteger você e para afastar a negatividade. Além disso, é útil em feitiços de amor e fidelidade, promovendo a harmonia.

Ele é ótimo para alcançar a paz mental, trazendo equilíbrio e serenidade para os pensamentos. Essas características te lembram quem? Eu sempre penso em Hermione Granger, da série *Harry Potter*.

Hermione simboliza a energia de equilíbrio, harmonia, purificação e prosperidade do cominho. Sua capacidade de tomar a iniciativa e de apoiar os amigos em momentos críticos reflete a essência do cominho, que auxilia na criação de uma aura de proteção e no entendimento dos sentimentos alheios.

Assim como o cominho remove bloqueios emocionais e limpa a mente de velhas mágoas, Hermione é conhecida pela inteligência e clareza mental, sempre buscando soluções práticas para os problemas que enfrenta. Sua habilidade de socializar e trazer harmonia ao círculo de amizades se alinha com a energia do cominho de melhorar a interação social e expressar sentimentos.

Hermione é um exemplo de como a energia do cominho pode ser usada para alcançar a paz mental, banir influências nocivas e promover a harmonia em todas as áreas da vida, seja na amizade, no amor ou nos estudos.

Coqueiro

Nome científico: *Cocos nucifera*
Família: Arecaceae
Origem: Ásia
Astro: Lua
Elemento: Água
Gênero: Feminino (Yin)
Caráter energético: Desconhecido
Chacra: Sacral
Pedra: Quartzo branco
Cor: Branco
Orixá: Obaluaiê, Oxalá
Servidor: A Dançarina
Estação: Outono
Lua: Minguante
Tarô: O Carro
Signo: Câncer

Restrições e precauções

O consumo do coco pode interagir com alguns medicamentos, como anticoagulantes, hipoglicemiantes e remédios para a pressão arterial. Fique atento a isso, ok?

Sobre o coqueiro

O coqueiro tem uma energia ligada à nutrição, proteção e renovação. Suas folhas, assim como a água e a polpa do fruto, são usadas em rituais de purificação, cura e proteção, servindo também como um portal para o reino espiritual.

Energia sutil: O coqueiro trabalha liberando emoções reprimidas e despertando a criatividade. Ele ajuda a equilibrar as energias, promovendo um estado de calma e receptividade. É especialmente eficaz em rituais que buscam harmonizar as relações e atrair amor e amizade, bem como em práticas voltadas para a autocura emocional e o bem-estar mental.

Olhar por Edu Parmeggiani: O coqueiro tem múltiplas utilidades mágickas. Seu óleo pode ser consagrado e utilizado em rituais de unção, enquanto a água de coco pode servir como um elemento purificador em altares e espaços sagrados. As cascas e fibras do coco têm propriedades de proteção e podem ser usadas em amuletos ou talismãs. Sua forte ligação com o reino espiritual torna o coqueiro um excelente aliado em trabalhos de evocação e comunicação com entidades.

Também pode ser incorporado a práticas voltadas para a cura e o rejuvenescimento. Pode ser usado para banir doenças, quebrar maldições e afastar energias nocivas. É uma árvore que, além de suas aplicações práticas, serve como um símbolo poderoso de resiliência e renovação.

Por isso o coqueiro personifica tão bem a Moana, do filme da Disney. Essa jovem e destemida navegadora está muito ligada à nutrição e à proteção. Assim como o coqueiro, que oferece frutos e folhas para vários propósitos, Moana demonstra uma profunda conexão com a natureza e um compromisso em proteger e nutrir sua terra e seu povo.

O coqueiro trabalha liberando emoções reprimidas e despertando a criatividade, enquanto Moana embarca em uma jornada para redescobrir sua identidade e herança, liberando suas emoções e despertando criatividade e força interior que a guiam em sua missão. Sua capacidade de equilibrar as energias, promovendo um estado de calma e receptividade, reflete o papel do coqueiro em rituais de harmonização e cura.

Além disso, Moana é um símbolo de renovação e resiliência. Sua jornada de autocura emocional e bem-estar mental espelha o poder do coqueiro em práticas voltadas para a cura e o rejuvenescimento. Assim como o coqueiro pode ser usado para banir doenças e afastar energias nocivas, Moana enfrenta e supera desafios, trazendo renovação e esperança para sua ilha.

Moana utiliza sua intuição e conexão espiritual para guiar e proteger aqueles ao seu redor, refletindo a ligação estreita entre o coqueiro e o reino espiritual. Moana é um símbolo poderoso de resiliência e renovação, do mesmo modo que o coqueiro é um símbolo de força e renovação.

Cravo-da-índia

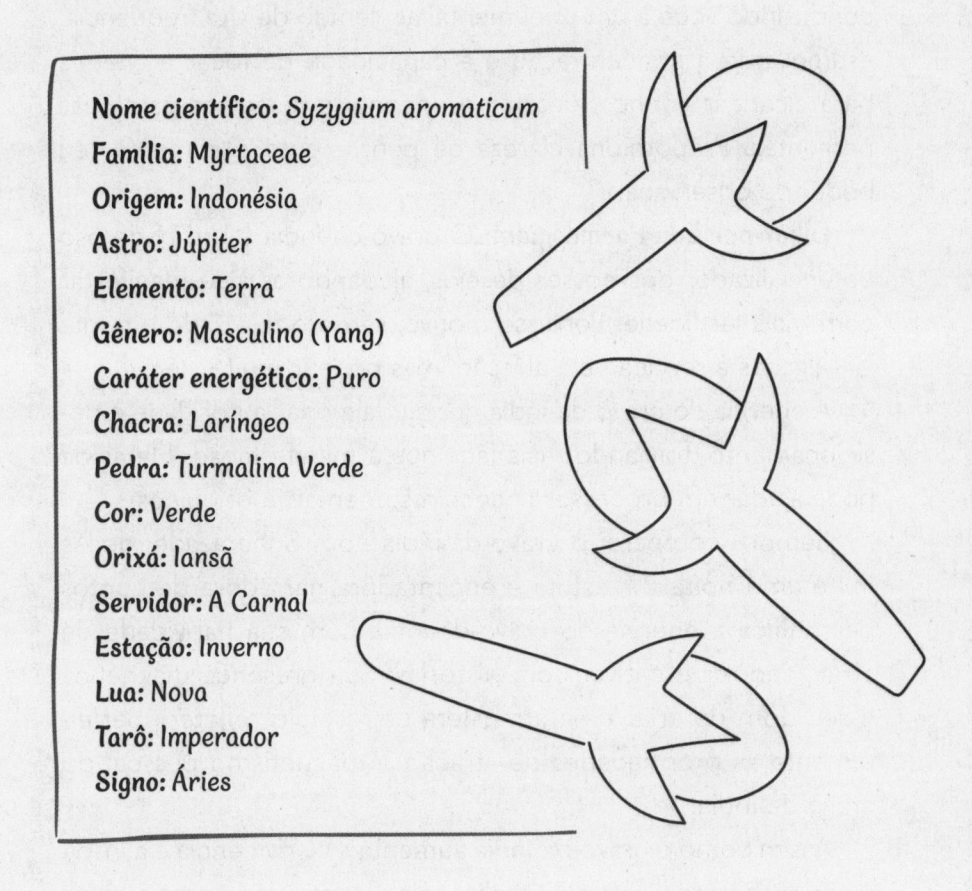

Nome científico: *Syzygium aromaticum*
Família: Myrtaceae
Origem: Indonésia
Astro: Júpiter
Elemento: Terra
Gênero: Masculino (Yang)
Caráter energético: Puro
Chacra: Laríngeo
Pedra: Turmalina Verde
Cor: Verde
Orixá: Iansã
Servidor: A Carnal
Estação: Inverno
Lua: Nova
Tarô: Imperador
Signo: Áries

Restrições e precauções

Evite altas dosagens de cravo-da-índia durante a gestação, pois ele estimula as contrações uterinas.

Sobre o cravo-da-índia

O cravo-da-índia tem sua energia ligada a atração, autoridade, amor, clarividência, inspiração, dinheiro e sucesso. Pode ser usado para aumentar nosso magnetismo pessoal, como purificação ou para atrair prosperidade.

Energia sutil: O cravo-da-índia abre a mente para ver o todo, conduzindo você a um nível mental acelerado de alta frequência, estimulando a concentração e a capacidade de focar a energia para alcançar sonhos, desejos e encontrar respostas para suas perguntas. Proporciona clareza de pensamento e aumenta seu poder de observação.

Olhar por Edu Parmeggiani: O cravo-da-índia é um poderoso potencializador dos nossos desejos, ajudando-os a se manifestar com mais facilidade. Por esse motivo, sempre foi usado em magias ligadas à sedução e à atração, mas pode ir muito além.

A energia do cravo-da-índia nos ajuda a criar autoridade e posicionamento, tornando mais fácil nossa manifestação. Ele ainda pode ajudar em processos financeiros, mentais e psíquicos.

Sempre comparei o cravo-da-índia com Scherazade, de *As mil e uma noites*. A astuta e encantadora narradora de contos personifica a energia do cravo-da-índia com sua habilidade de atrair, seduzir e cativar com histórias. Sua presença magnética e seu dom de criar uma atmosfera de fascínio refletem perfeitamente as propriedades de atração e magnetismo pessoal do cravo-da-índia.

Assim como o cravo-da-índia aumenta a clarividência e a inspiração, Scherazade usa sua inteligência e criatividade para manter Shahryar enfeitiçado noite após noite, garantindo sua sobrevivência e terminando por transformar o coração desse rei. Sua capacidade de ver o todo e de responder às circunstâncias com sabedoria e clareza de pensamento é um testemunho da energia mental acelerada e da alta frequência do cravo-da-índia.

Scherazade também exibe uma autoridade natural e um posicionamento forte, características que o cravo-da-índia potencializa. A habilidade de manifestar seus desejos e alcançar seus objetivos é paralela ao poder do cravo-da-índia de potencializar nossos desejos e facilitar a realização deles. Em sua narrativa,

Scherazade não só conta histórias como facilita a clareza e a compreensão, utilizando a energia do cravo-da-índia para criar uma mudança profunda e duradoura.

Dente-de-leão

Nome científico: *Taraxacum officinale*
Família: Asteraceae
Origem: Europa
Astro: Júpiter
Elemento: Ar
Gênero: Masculino (Yang)
Caráter energético: Nivelador
Chacra: Cardíaco
Pedra: Ametrina
Cor: Violeta
Orixá: Oxumaré
Servidor: O Contemplador
Estação: Primavera
Lua: Crescente
Tarô: Imperador
Signo: Áries

Restrições e precauções

O dente-de-leão é contraindicado em casos de náuseas, vômitos, diarreias crônicas, esofagites ou obstrução de ducto biliar. Pode causar reações alérgicas, então fique atento!

Sobre o dente-de-leão

A energia do dente-de-leão está ligada a clarividência, desejos, emoção, espiritualidade, purificação e cura. Ele pode ser usado para ampliar as percepções durante práticas de adivinhação e em magias de cura, purificação e limpeza de energias nocivas.

Energia sutil: O dente-de-leão nos ajuda a viver uma vida simples, descomplicada e com propósito. Ele nos incentiva a abraçar nosso potencial de vida e a focar no que temos e somos, para sermos naturalmente felizes. Aumenta a autoestima, a humildade e a gratidão.

Olhar por Edu Parmeggiani: O dente-de-leão pode ser usado como um canal de comunicação intuitiva, ampliando nossas percepções conscientes, a clarividência, o trabalho com sonhos, mensagens e presságios. Também pode ser usado para atrair e realizar desejos.

Para quem desenvolve a própria mediunidade, essa erva ajuda no contato com outros planos e trabalha nossa espiritualidade. Pode ser agregada em magias de proteção e purificação interior.

E aqui temos Frodo Bolseiro, de *O Senhor dos Anéis*, com sua jornada de crescimento espiritual e emocional, refletindo a energia do dente-de-leão. A simplicidade e a humildade são suas características centrais, e lembram a capacidade do dente-de-leão de incentivar uma vida descomplicada e com propósito.

Frodo vive com simplicidade e valoriza o que tem, encontrando felicidade nas pequenas coisas, mesmo em meio a grandes desafios. Assim como o dente-de-leão ajuda na clarividência e na percepção intuitiva, Frodo desenvolve uma profunda conexão com o mundo espiritual e recebe orientação através de sonhos e visões.

Sua missão de destruir o Anel requer purificação e cura, que são energias essenciais do dente-de-leão. A determinação de Frodo em seguir seu caminho apesar das adversidades espelha a capacidade dessa planta de aumentar a autoestima, a humildade e a gratidão.

Além disso, Frodo busca constantemente proteção e purificação em sua jornada, e sabemos que o dente-de-leão é usado em magias para os mesmos fins. A conexão entre Frodo e outros planos, especialmente através do Anel, e sua capacidade de ver além do físico fazem dele uma representação ideal da energia desse vegetal.

Erva-doce

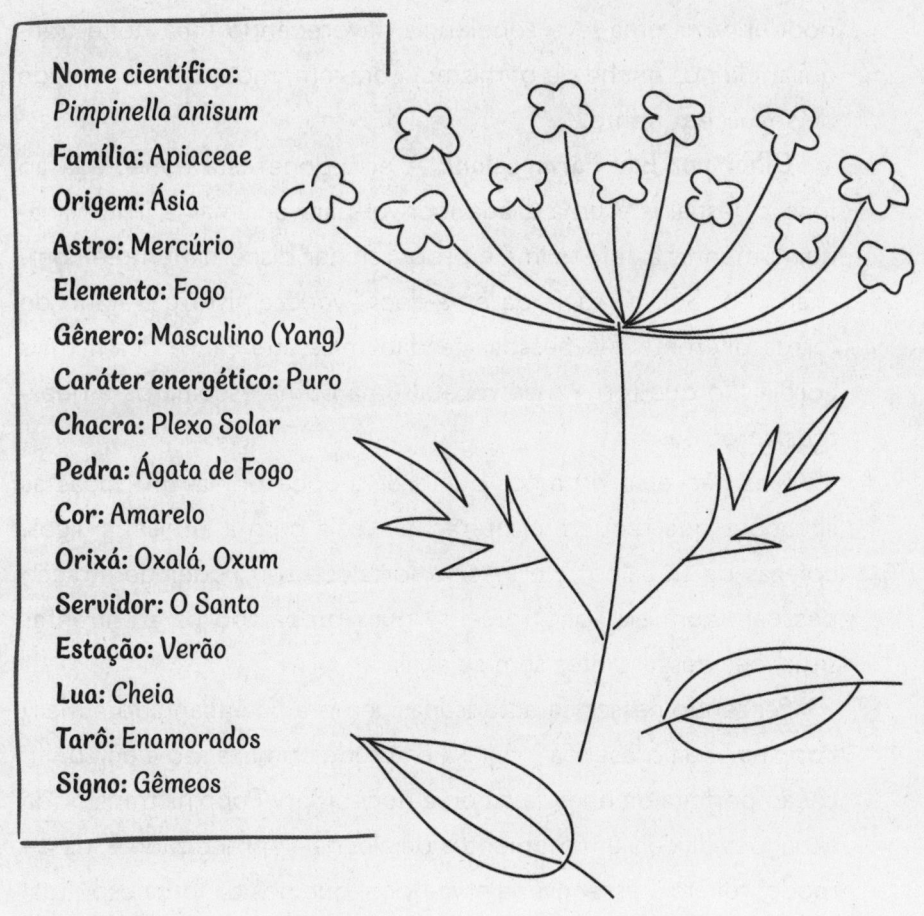

Nome científico: *Pimpinella anisum*
Família: Apiaceae
Origem: Ásia
Astro: Mercúrio
Elemento: Fogo
Gênero: Masculino (Yang)
Caráter energético: Puro
Chacra: Plexo Solar
Pedra: Ágata de Fogo
Cor: Amarelo
Orixá: Oxalá, Oxum
Servidor: O Santo
Estação: Verão
Lua: Cheia
Tarô: Enamorados
Signo: Gêmeos

Restrições e precauções

Se você tem úlcera ou diverticulite, é melhor evitar a erva-doce.

Sobre a erva-doce

A erva-doce é uma planta mágicka ligada à espiritualidade, à força, ao otimismo, à coragem e à proteção. Essa planta amplifica nosso poder de atração, pois o otimismo e a coragem que ela traz aumentam nossa autoestima. Com a erva-doce, você ganha força física e espiritual para enfrentar a vida de cabeça erguida.

Energia sutil: A erva-doce ajuda a focar no que realmente importa, diminuindo a ansiedade. Quando usada antes de dormir, pode induzir uma leve sonolência, favorecendo uma noite tranquila. Ela nos enche de otimismo, coragem, motivação e vontade de seguir em frente.

Olhar por Edu Parmeggiani: A erva-doce está conectada ao fogo celestial e é uma aliada incrível para acalmar a irritabilidade, aumentar a autoestima e proporcionar discernimento e compreensão. Sob a magia da erva-doce, você é visto e tratado de forma diferente. As pessoas te dão mais atenção e ficam mais cordiais, o que torna esse vegetal uma ótima escolha para questões amorosas.

Mas não é só no amor que a erva-doce brilha. Em todas as situações que requerem interação – seja com a família, amigos, colegas de trabalho –, essa erva fortalece seu poder de atração pessoal. Com ela você se sente mais preparado para enfrentar situações desgastantes sem se abalar.

Pensando nessas características, lembra da encantadora Mary Poppins? Sua presença mágicka e atitude otimista são a personificação perfeita da energia da erva-doce. Mary Poppins transforma situações difíceis em momentos de alegria e aprendizado e, desse modo, reflete a essência da erva-doce, que nos dá força espiritual e física para encarar a vida com coragem.

Assim como a erva-doce reduz a ansiedade e promove a calma, Mary Poppins acalma e conforta todos ao seu redor com sua presença tranquilizadora e com as lições de vida que costuma mostrar. Sua habilidade de ver o melhor nas pessoas e nas situações traz discernimento e compreensão, favorecendo a autoestima e a força interior, exatamente como a erva-doce.

Mary Poppins também influencia positivamente suas relações, sendo sempre tratada com carinho e respeito. Sua capacidade de elevar a autoestima dos outros, ajudando-os a enfrentar situações difíceis com otimismo e motivação, espelha o poder de atração pessoal aumentado proporcionado pela erva-doce.

Espada-de-são-jorge

Nome científico: *Sansevieria zeylanica*
Família: Ruscaceae
Origem: África
Astro: Marte
Elemento: Fogo
Gênero: Masculino (Yang)
Caráter energético: Desconhecido
Chacra: Plexo Solar
Pedra: Pirita
Cor: Marrom
Orixá: Ogum, Oxóssi
Servidor: O Abridor de Caminhos
Estação: Verão
Lua: Cheia
Tarô: Força
Signo: Leão

Restrições e precauções

Cuidado! A espada-de-são-jorge é uma planta tóxica, e sua ingestão não é recomendada. Além disso, ela pode causar irritação na pele e eczema, então, manuseie com cautela.

Sobre a espada-de-são-jorge

A espada-de-são-jorge é uma guerreira no mundo das plantas. Ela está ligada ao banimento, à proteção, à força, à coragem, à abertura de caminhos e à vitória. Se você precisa combater energias nocivas e garantir proteção, essa planta é sua melhor aliada. E mais: ela pode até garantir uma noite de sono tranquila, sem pesadelos.

Energia sutil: Essa planta é uma aliada poderosa em magias de proteção e limpeza espiritual. Ela afasta a inveja e desfaz feitiços nocivos. Você também pode usá-la em amuletos pessoais para obter os mesmos efeitos.

Olhar por Edu Parmeggiani: A espada-de-são-jorge é extremamente popular e muito usada para evitar energias nocivas, inveja e mau-olhado. Mas ela não para por aí. Essa planta também atrai prosperidade e abre caminhos que estavam bloqueados.

Além de afastar energias ruins, a espada-de-são-jorge te dá coragem. Ela te ajuda a tomar decisões, a sair da inércia e a lutar por aquilo que você acredita. Imagine um guerreiro em pessoa e você verá a essência dessa planta. E quem melhor para representar isso do que Aragorn, de *O Senhor dos Anéis*?

Aragorn, com sua coragem inabalável e força de caráter, é a personificação perfeita da energia da espada-de-são-jorge. Como líder e guerreiro, ele reflete a essência da planta, sempre combatendo forças do mal, protegendo seus aliados e lutando pelo que é justo.

Assim como a espada-de-são-jorge, Aragorn tem o poder de atrair prosperidade e de abrir caminhos bloqueados. Ele lidera seus companheiros por meio de desafios aparentemente insuperáveis. Sua habilidade de tomar decisões corajosas e inspirar aqueles ao seu redor ressoa profundamente com a energia dessa planta, que traz coragem e ajuda as pessoas a saírem da inércia.

Além disso, quando mantida em casa, a espada-de-são-jorge é conhecida por garantir um sono tranquilo, sem pesadelos. Aragorn, com sua presença vigilante e protetora, oferece a mesma tranquilidade e segurança para aqueles que o seguem, sempre pronto para afastar qualquer ameaça.

Eucalipto

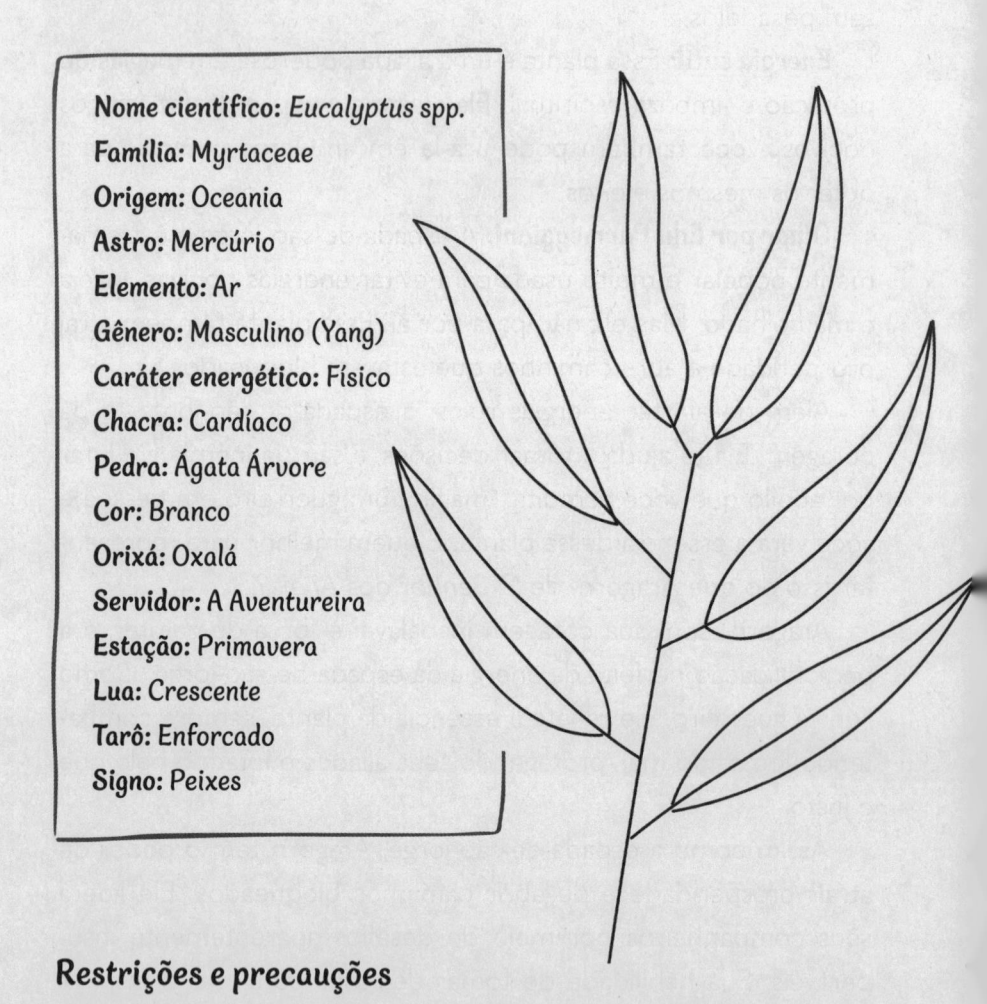

Nome científico: *Eucalyptus* spp.
Família: Myrtaceae
Origem: Oceania
Astro: Mercúrio
Elemento: Ar
Gênero: Masculino (Yang)
Caráter energético: Físico
Chacra: Cardíaco
Pedra: Ágata Árvore
Cor: Branco
Orixá: Oxalá
Servidor: A Aventureira
Estação: Primavera
Lua: Crescente
Tarô: Enforcado
Signo: Peixes

Restrições e precauções

O eucalipto não é recomendado para gestantes. Em excesso, para qualquer pessoa, ele pode causar dermatite, dificuldade para respirar e taquicardia. Então, use com moderação.

Sobre o eucalipto

O eucalipto é uma planta poderosa ligada à saúde, à comunicação, à cura, à proteção, ao bem-estar e à autoestima. Ele trabalha com o fluxo dos ventos e do ar, sendo muito eficaz em curas espirituais. Também é bastante usado em magias de proteção contra doenças respiratórias.

Energia sutil: O eucalipto estimula nossos valores e reforça a personalidade. Na sexualidade, ele equilibra desejos, sensações, responsabilidade e consciência sexual, eliminando tabus e preconceitos. Com o eucalipto, você pode expressar o amor com liberdade.

Olhar por Edu Parmeggiani: O eucalipto é fantástico para limpar energias, animar e trazer uma sensação de amplitude, expandindo a potência do ser. Ele ajuda na integração emocional, física e espiritual, além de aguçar nossas capacidades psíquicas, trazendo clarividência e intuição.

Essa planta também tem o poder de libertar nossa criança interior, aquela alegria e inocência guardadas dentro de nós. O eucalipto relaxa a respiração, normaliza o fluxo sanguíneo e combate a negação da realidade e a falta de autenticidade.

Para mim, o eucalipto é a própria Mulan, da Disney. A coragem, a determinação e o espírito aventureiro dessa personagem refletem claramente a energia de saúde, comunicação, cura e bem-estar do eucalipto. Mulan supera desafios físicos e emocionais, mantendo uma forte conexão com sua identidade e valores, assim como o eucalipto promove a integração emocional, física e espiritual.

Do mesmo modo que o eucalipto equilibra os desejos e a responsabilidade sexual, Mulan quebra tabus e preconceitos ao assumir um papel tradicionalmente masculino para proteger sua família e seu país. A jornada de Mulan é uma busca pela verdade e autenticidade, na qual ela encontra e expressa seu verdadeiro eu.

Mulan também usa sua inteligência e intuição para superar obstáculos e encontrar soluções criativas, refletindo a capacidade do eucalipto de aguçar a clarividência e a intuição. Sua presença inspiradora e animadora traz uma sensação de amplitude e possibilidade, exatamente como a energia expansiva do eucalipto.

Gengibre

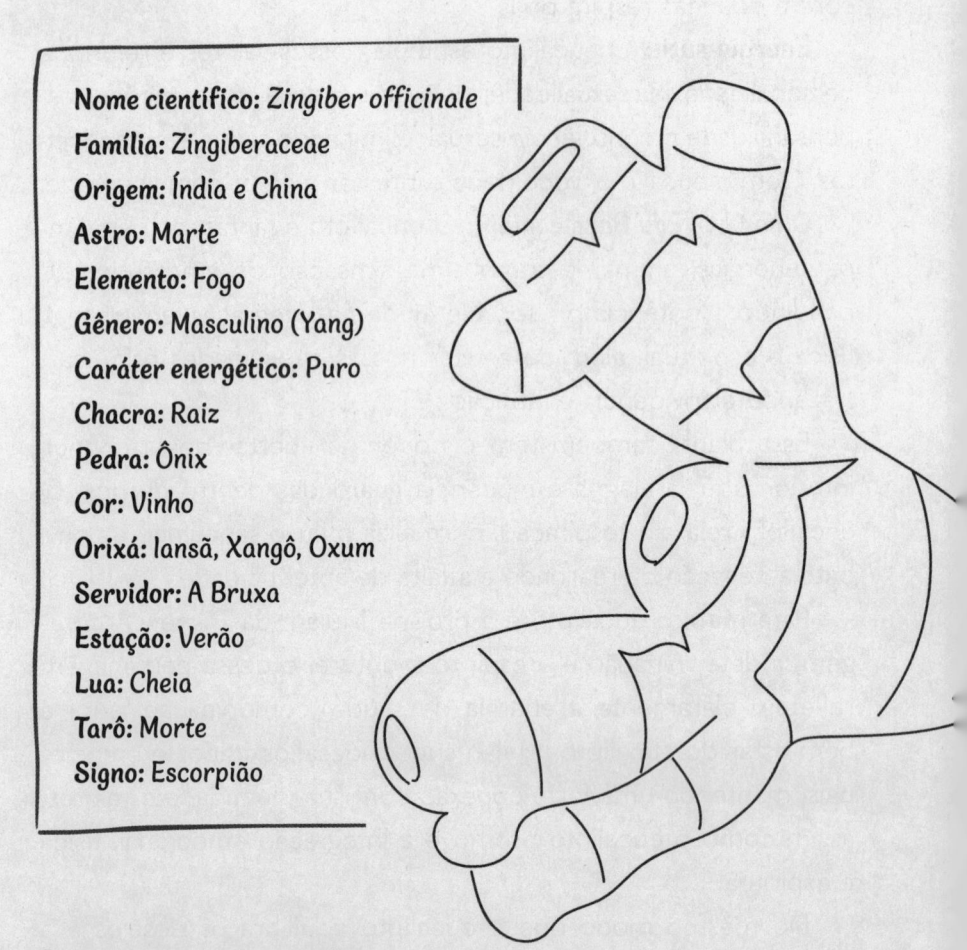

Nome científico: *Zingiber officinale*
Família: Zingiberaceae
Origem: Índia e China
Astro: Marte
Elemento: Fogo
Gênero: Masculino (Yang)
Caráter energético: Puro
Chacra: Raiz
Pedra: Ônix
Cor: Vinho
Orixá: Iansã, Xangô, Oxum
Servidor: A Bruxa
Estação: Verão
Lua: Cheia
Tarô: Morte
Signo: Escorpião

Restrições e precauções

Evite o gengibre se você tem gastrite, sudorese excessiva, hipertensão arterial ou diarreias agudas.

Sobre o gengibre

O gengibre é uma planta poderosa, ligada a energia do dinheiro, amor, sucesso, potência e realização. Com sua vibração potencializadora, é perfeito para a manifestação e a realização material.

Energia sutil: O gengibre elimina o mau humor e ajuda a resolver problemas nos relacionamentos. Ele promove a compaixão, a doçura, a felicidade, a proximidade, a beleza e a amizade.

Olhar por Edu Parmeggiani: O gengibre aumenta nossa energia vital, ajudando nos processos de cura e recuperação. Ele pode ser usado para ampliar diversos tipos de magias e trazer soluções para problemas. Se você precisa receber o pagamento de dívidas, acelerar resultados mágickos ou atrair paixão e amor, o gengibre é seu aliado.

Pense no Maui, o semideus do filme *Moana*. Cheio de energia, carisma e poder, Maui personifica com perfeição a energia do gengibre. Sua capacidade de transformar e manifestar desejos em realidade reflete a essência do gengibre, uma planta potencializadora, ligada ao sucesso e à realização material.

Assim como o gengibre constrói compaixão, doçura e felicidade nos relacionamentos, Maui aprende ao longo de sua jornada a ser mais compassivo e a valorizar suas relações, especialmente com Moana. Sua transformação, de um ser egocêntrico em um herói que se importa com o bem-estar dos outros, espelha as qualidades do gengibre de promover proximidade e amizade.

Maui usa sua força vital e seus poderes para superar desafios e trazer soluções criativas e mágickas para os problemas que encontra. Sua habilidade de atrair sucesso e acelerar resultados ressoa com a energia do gengibre, que pode ser usado em magias para amplificar resultados, atrair amor e aumentar a atração pessoal.

Girassol

Nome científico: *Helianthus annuus*
Família: Asteraceae
Origem: América do Norte e América Central
Astro: Sol
Elemento: Fogo
Gênero: Masculino (Yang)
Caráter energético: Desconhecido
Chacra: Plexo Solar
Pedra: Obsidiana
Cor: Amarela
Orixá: Oxalá, Oxum
Servidor: O Sol
Estação: Verão
Lua: Cheia
Tarô: Sol
Signo: Leão

Restrições e precauções

Não há registros da ocorrência de efeitos adversos ou tóxicos provocados pelo girassol.

Sobre o girassol

O girassol é pura alegria, clareza, força, bem-estar, luz e sorte. Ele é muito usado para atrair fama e prosperidade, além de amplificar nosso brilho pessoal e as energias positivas.

Energia sutil: O girassol atrai boas energias, trazendo força e vitalidade. Ele é um símbolo poderoso que vibra harmoniosamente e traz bons acontecimentos para sua vida. Estimula o bem-estar e a tranquilidade, sendo perfeito para magias de felicidade.

Olhar por Edu Parmeggiani: O girassol guarda uma enorme fonte de energia e vibração positiva. Por isso, é muito utilizado em rituais em busca de prosperidade, alegria e realizações. Ele também auxilia na elevação espiritual.

Se você está sentindo solidão ou tristeza, o girassol pode te ajudar. Ele afasta esses sentimentos, te ajuda a superar obstáculos e te mantém de cabeça erguida em tempos difíceis. Essa planta também traz clareza e pode te ajudar a obter revelações através dos sonhos.

Pensando nessas características, eu me lembro de Simba, de *O Rei Leão*. A jornada de crescimento e iluminação de Simba personifica a energia de alegria, clareza e força do girassol. Sua transformação de um jovem leão inseguro em um rei corajoso e sábio reflete a essência do girassol, que atrai prosperidade e amplifica as energias positivas. Simba brilha com uma presença que atrai boas vibrações e vitalidade.

Assim como o girassol afasta a solidão e os sentimentos depressivos, Simba supera a perda e a solidão com a ajuda de seus amigos e do legado de seu pai. A determinação em enfrentar seus medos e desafios, mantendo uma atitude positiva, ressoa com a energia do girassol, que fornece clareza e força para superar obstáculos.

Simba também usa sua clareza e visão para liderar e promover o bem-estar de seu reino, espelhando a capacidade do girassol de estimular prosperidade, felicidade e elevação espiritual. Sua jornada de autodescoberta e liderança faz desse personagem uma representação ideal das qualidades energéticas e vibrantes do girassol.

Ginseng

Nome científico: *Panax quinquefolius*
Família: Araliaceae
Origem: China
Astro: Sol
Elemento: Fogo
Gênero: Masculino (Yang)
Caráter energético: Condutor
Chacra: Plexo Solar
Pedra: Rubi
Cor: Vermelho
Orixá: Oxum, Xangô
Servidor: A Manifestante
Estação: Verão
Lua: Cheia
Tarô: Louco
Signo: Aquário

Restrições e precauções

O uso do ginseng é contraindicado para gestantes e lactantes, pessoas com hipertensão, doenças cardíacas graves, hemorragia ou trombose coronariana. Além disso, ele pode interagir com anticoagulantes e antidepressivos. Por isso, consulte um médico antes de consumi-lo.

Sobre o ginseng

A energia do ginseng é pura criatividade, resistência, ânimo, longevidade, paixão e realização dos objetivos. Ele te ajuda a trazer à tona seus desejos mais profundos, tornando-os mais fáceis de reconhecer e realizar.

Energia sutil: O ginseng acessa o subconsciente e os registros akáshicos, que nos conectam com nossas vidas passadas, presente e futuras. Ele melhora a memória, organiza os pensamentos e promove a busca pelo domínio mental e pelo progresso. Além disso, reduz o excesso de ego, culpa, inveja, timidez e o medo de julgamentos.

Olhar por Edu Parmeggiani: O ginseng é poderoso em magias de cura e longevidade, ajudando as pessoas a levar vidas cheias de prazer e realização. Ele combate o pessimismo e a negatividade com sua energia quente e estimulante, ampliando o poder pessoal e mental. O ginseng traz a potência da vida com intensidade, alinhando bem-estar com desejos internos.

Pense no famoso detetive Sherlock Holmes, do universo de Arthur Conan Doyle. Sua mente afiada, resistência mental e criatividade personificam a energia do ginseng. Sherlock tem a capacidade de acessar o subconsciente e de organizar pensamentos complexos, refletindo a essência do ginseng, que aguça a memória e promove a maestria mental.

Sherlock, com sua paixão pela resolução de mistérios e sua busca pela verdade, usa suas habilidades mentais para alcançar seus objetivos e realizar seus desejos internos. Assim como o ginseng combate o pessimismo e a negatividade, Sherlock enfrenta desafios com uma visão clara e determinada, superando medos e julgamentos. Sua energia quente e estimulante é evidenciada na perseguição incansável dos fatos e na intensidade com que conduz sua vida.

Sherlock Holmes também personifica a longevidade e a paixão pela vida, características promovidas pelo ginseng. A capacidade de alinhar o bem-estar com suas vontades internas e de combater excessos e culpas ressoa com a energia dessa planta, que é excelente para magias de cura e realização pessoal.

Guaraná

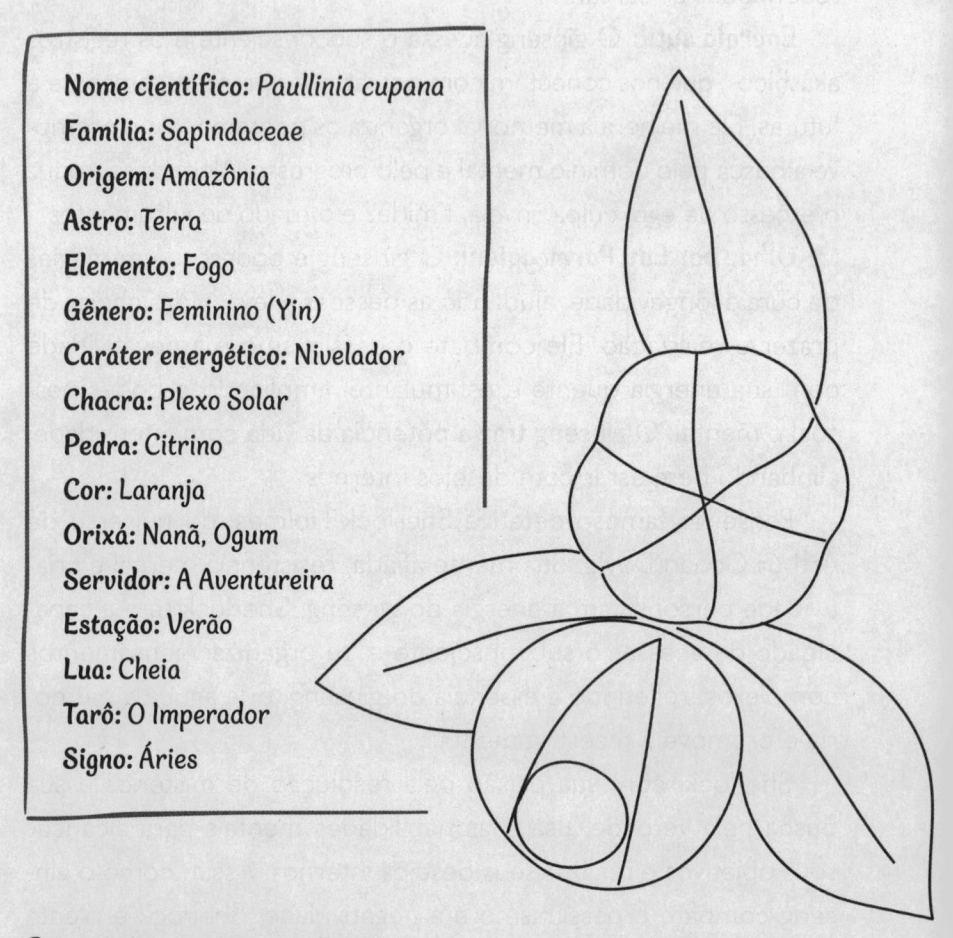

Nome científico: *Paullinia cupana*
Família: Sapindaceae
Origem: Amazônia
Astro: Terra
Elemento: Fogo
Gênero: Feminino (Yin)
Caráter energético: Nivelador
Chacra: Plexo Solar
Pedra: Citrino
Cor: Laranja
Orixá: Nanã, Ogum
Servidor: A Aventureira
Estação: Verão
Lua: Cheia
Tarô: O Imperador
Signo: Áries

Restrições e precauções

O guaraná não é recomendado para grávidas, lactantes, crianças e pessoas com pressão alta, doenças renais, gastrite, distúrbios de coagulação, hipertireoidismo ou transtornos psicológicos, como ansiedade ou síndrome do pânico.

Sobre o guaraná

O guaraná é pura vitalidade, energia e foco mental. Em rituais xamânicos, ele é usado para potencializar a força interior, aumentar a resistência e aguçar a clareza mental. Ainda, ajuda a equilibrar as emoções e a fortalecer a vontade.

Energia sutil: O guaraná dissipa a névoa da indecisão e clareia o caminho para soluções criativas. No plexo solar, ele libera bloqueios emocionais, permitindo que a energia flua livremente. Isso pode aumentar a autoestima e trazer uma sensação de empoderamento.

Olhar por Edu Parmeggiani: O guaraná é extremamente útil na magia. Sua energia pode ser canalizada em rituais e feitiços para aumentar o vigor físico e mental, o que faz dele um elemento ideal para magias de sucesso, conquista e realização de objetivos. Você também pode usá-lo em poções e elixires para melhorar a concentração e o foco, especialmente em tarefas que exigem grande esforço mental.

Em um contexto mais espiritual, o guaraná pode ser usado em práticas xamânicas e rituais de cura, além de trabalhos de proteção e fortalecimento espiritual. Ele é adequado para rituais que buscam equilibrar as energias yin e yang, harmonizando corpo, mente e espírito.

Pense em Lara Croft, de *Tomb Raider*. Com vitalidade, energia e foco mental inabaláveis, Lara personifica com perfeição a energia do guaraná. Sua força interior e resistência física refletem a essência dessa planta, que é usada para aumentar a energia física e mental. Lara, com sua determinação em alcançar objetivos e solucionar mistérios, trabalha com clareza mental e foco para superar qualquer desafio.

Assim como o guaraná manda a indecisão embora e clareia o caminho para soluções criativas, Lara é conhecida pela habilidade de encontrar soluções inovadoras em situações extremas. Sua capacidade de liberar bloqueios emocionais e de fortalecer a vontade ressoa com a energia do guaraná, que ajuda a aumentar a autoestima e o empoderamento.

Lara Croft também simboliza a harmonia entre corpo, mente e espírito, características promovidas pelo guaraná em práticas xamânicas e rituais de cura. Sua jornada é marcada por conquistas e sucessos, refletindo a capacidade do guaraná de ser usado em magias para a realização de objetivos e promoção do fortalecimento espiritual.

Guiné

Nome científico: *Petiveria alliacea*
Família: Phytolaccaceae
Origem: Américas
Astro: Marte
Elemento: Fogo
Gênero: Masculino (Yang)
Caráter energético: Desconhecido
Chacra: Sacral
Pedra: Zircônia Vermelha
Cor: Roxo
Orixá: Ossain, Oxóssi
Servidor: O Adversário
Estação: Verão
Lua: Cheia
Tarô: Diabo
Signo: Capricórnio

Restrições e precauções

A guiné é uma planta tóxica, e sua ingestão é desaconselhada. Seu uso excessivo pode causar insônia, alucinações, apatia, alterações no sistema nervoso central e até a morte. Além disso, essa planta tem propriedades abortivas, motivo pelo qual seu consumo não é recomendado para mulheres grávidas.

Sobre a guiné

A energia da guiné está ligada ao banimento, à proteção, ao combate, à vitória, à limpeza e à defesa. É uma planta extremamente poderosa, muito usada para limpeza espiritual e para criar campos de proteção bem fortes.

Energia sutil: A guiné tem uma energia sutil incrível, capaz de transmutar vibrações nocivas em benéficas. Ela elimina larvas astrais e afasta más energias, garantindo um ambiente de sorte, felicidade e bem-estar.

Olhar por Edu Parmeggiani: A guiné é uma planta muito usada para proteção, defesa e limpeza energética. Ela quebra todo mal e pode ser usada em magias para remover obstáculos do seu caminho. Além disso, é excelente para cortar magias feitas para prejudicar pessoas e remover dependências emocionais e psíquicas.

Essa planta ajuda a impor limites e a criar espaços de proteção energética. Pense em John Constantine, do universo da DC Comics. Com sua experiência em magia, ele combate a escuridão e protege contra forças malignas, personificando a energia de banimento, proteção e combate da guiné.

Constantine tem a habilidade de transmutar energias nocivas em positivas e afastar más influências, refletindo a essência dessa planta. Assim como a guiné remove obstáculos e quebra as energias maléficas, esse herói enfrenta ameaças sobrenaturais e magia do mal, usando seus conhecimentos para impor limites e proteger a si mesmo e aos outros.

Ele também lida com dependências emocionais e psíquicas, ajudando a removê-las e criando espaços de proteção energética. Sua presença e ações são marcadas pela força espiritual e por uma determinação inabalável, características que fazem de Constantine uma representação ideal das qualidades da guiné.

Hibisco

Nome científico: *Hibiscus rosa-sinensis*
Família: Malvaceae
Origem: Ásia tropical e Havaí
Astro: Vênus
Elemento: Água
Gênero: Feminino (Yin)
Caráter energético: Puro
Chacra: Sacro
Pedra: Magnetita
Cor: Malva
Orixá: Oxum, Nanã, Ogum
Servidor: A Carnal
Estação: Outono
Lua: Minguante
Tarô: Lua
Signo: Peixes

Restrições e precauções

O consumo excessivo de hibisco pode levar à perda de nutrientes essenciais. Não é indicado para gestantes, lactantes e pessoas com problemas de pressão, seja ela baixa ou alta.

Sobre o hibisco

A energia do hibisco está ligada à clarividência, à concentração, à liberdade, ao amor, à paixão e à sensualidade. Essa planta é muito utilizada em magias de beleza e atração.

Energia sutil: O hibisco nos ajuda a experimentar os deleites da vida e, no sexo, a atingir o orgasmo. Ele ensina a aproveitar a vida como ela é, de maneira realista e com os pés no chão. Também nos ajuda a saber amar e a dizer não quando necessário. Além disso, o hibisco elimina a necessidade de consumir qualquer coisa em excesso e auxilia no controle diante dos vícios, como o fumo.

Olhar por Edu Parmeggiani: O hibisco é excelente para aumentar o amor e a libido. Ele remove obstruções do chacra raiz, aumenta a concentração para a meditação e auxilia na clarividência. Também ajuda a eliminar o excesso de consumismo, induzindo ao desapego.

O hibisco proporciona uma mente realista e livre de ilusões. Além disso, elimina vícios e traz equilíbrio para as relações, evitando amores doentios e exagerados.

Pense na personagem Jessica Rabbit, do filme *Uma cilada para Roger Rabbit*. Com sua sensualidade e paixão, Jessica simboliza com perfeição a energia do hibisco. Sua presença encantadora e magnética reflete a essência dessa flor, que é utilizada em magias de beleza e atração. Jessica exala amor e liberdade, características fundamentais do hibisco.

Assim como o hibisco ajuda a experimentar os deleites da vida e a eliminar vícios, Jessica Rabbit sabe aproveitar sua existência com realismo, mantendo os pés no chão, apesar da aparência glamourosa. Sua habilidade de amar intensamente e a capacidade de dizer "não" quando necessário ressoam com a energia do hibisco, que promove equilíbrio nas relações e elimina amores doentios.

Jessica também ilustra a clarividência e a concentração, recorrendo a sua inteligência e intuição para navegar pelos desafios que enfrenta. Sua capacidade de induzir ao desapego material e de manter uma visão realista da vida espelha as qualidades do hibisco, que ajuda a controlar vícios e a aumentar a concentração durante a meditação.

Hortelã

Nome científico: *Mentha sp.*
Família: Lamiaceae
Origem: América do Norte, Ásia e Europa
Astro: Mercúrio
Elemento: Ar
Gênero: Masculino (Yang)
Caráter energético: Condutor
Chacra: Laríngeo
Pedra: Sodalita
Cor: Azul
Orixá: Oxalá, Exu, Omolu
Servidor: O Pai
Estação: Primavera
Lua: Crescente
Tarô: Louco
Signo: Aquário

Restrições e precauções

A hortelã deve ser evitada por pessoas que sofrem de refluxo gastroesofágico e não é indicada para gestantes, pois pode aumentar o risco em mulheres com histórico de abortos espontâneos. Mulheres que estão amamentando também devem evitar seu consumo. Além disso, a hortelã pode interagir negativamente com medicamentos. Se estiver tomando qualquer remédio, consulte seu médico antes de consumi-la.

Sobre a hortelã

A energia da hortelã está ligada à autoridade, à cura, ao poder, à purificação, à confiança, ao amor e ao dinheiro. Ao longo dos séculos essa planta vem sendo usada em magias de cura e prosperidade.

Energia sutil: A hortelã estimula a clarividência e limpa a mente, reduzindo a atividade mental nociva, transformando criações mentais e expandindo a consciência.

Olhar por Edu Parmeggiani: A hortelã é uma planta de fácil acesso e extremamente útil em magias de cura e saúde. Sua energia limpa os corpos astrais, removendo bloqueios energéticos capazes de adoecer a mente e o corpo. Pode ser usada em magias de prosperidade ou para ativar poderes psíquicos. Também ajuda a superar momentos de abalo emocional, como o luto.

A hortelã me lembra muito Yennefer de Vengerberg, da série *The Witcher*. Yennefer, com seu poder, autoridade e capacidade de cura, personifica a energia dessa erva. Sua habilidade de purificar e curar, junto a sua presença confiante e magnética, reflete a essência da hortelã, que é usada em magias de cura e prosperidade.

Assim como a hortelã estimula a clarividência e limpa a mente, Yennefer tem o raciocínio afiado e uma visão clara, que lhe permitem usar suas habilidades mágickas para expandir a consciência e alcançar seus objetivos. Sua jornada de transformação e empoderamento ressoa com a energia da hortelã, que promove confiança e a capacidade de superar pensamentos nocivos.

Yennefer também utiliza seu poder para remover bloqueios energéticos e ajudar aqueles ao seu redor a se curarem e prosperarem. Sua presença imponente e suas habilidades psíquicas espelham a capacidade dessa erva de ativar poderes psíquicos e proporcionar bem-estar emocional, especialmente em momentos de abalo.

Hortênsia

Nome científico: *Hydrangea macrophylla*
Família: Hydrangeaceae
Origem: China e Japão
Astro: Lua
Elemento: Água
Gênero: Feminino (Yin)
Caráter energético: Desconhecido
Chacra: Cardíaco
Pedra: Selenita
Cor: Azul
Orixá: Oxalá
Servidor: A Curandeira
Estação: Outono
Lua: Minguante
Tarô: A Lua
Signo: Câncer

Restrições e precauções

A hortênsia é uma planta tóxica, e sua ingestão é desaconselhada.

Sobre a hortênsia

A energia da hortênsia está ligada à devoção, à coragem, à determinação, à dignidade, à pureza de sentimento e à elevação espiritual. Ela é muito empregada em rituais de gratidão, prosperidade e vínculo com o divino.

Energia sutil: A hortênsia opera em um nível sutil, aliviando estados de ansiedade e tristeza, instilando uma sensação de paz e gratidão. Ela também pode ser usada para fortalecer a empatia, tornando-se uma aliada poderosa para aqueles que buscam criar conexões.

Olhar por Edu Parmeggiani: A hortênsia tem um efeito fascinante em magias de cura emocional, além de facilitar o desenvolvimento da intuição e de ser útil em trabalhos que envolvem sonhos e o subconsciente. Ela pode ser usada para honrar divindades ligadas à Lua e à água.

Além disso, a hortênsia está presente em práticas que visam à iluminação espiritual e à conexão com o divino. Sua energia pode ser canalizada em talismãs ou potencializada em banhos rituais para purificar o campo áurico e fortalecer a proteção espiritual.

Pense na Princesa Elsa, do filme *Frozen*. Com muita coragem, dignidade e conexão profunda com suas emoções, Elsa personifica a energia da hortênsia. Sua jornada de autodescoberta e aceitação reflete a essência da hortênsia, que é utilizada em rituais de gratidão, prosperidade e elevação espiritual. Essa princesa tem a capacidade de criar um mundo de gelo e neve, refletindo a conexão da hortênsia com a água e a Lua.

Assim como a hortênsia alivia estados de ansiedade e tristeza, Elsa aprende a controlar seus poderes e a encontrar paz e gratidão em sua vida. Sua determinação em proteger aqueles que ama e sua pureza de sentimentos ressoam com a energia da hortênsia, que fortalece a empatia e os laços com os outros.

Elsa também recorre à intuição e à sabedoria para guiar a si mesma e aos demais em momentos de crise, refletindo a capacidade da hortênsia de desenvolver a intuição e trabalhar com o subconsciente. Sua presença forte e protetora faz dela uma representação ideal das qualidades energéticas e vibrantes dessa planta.

Jabuticabeira

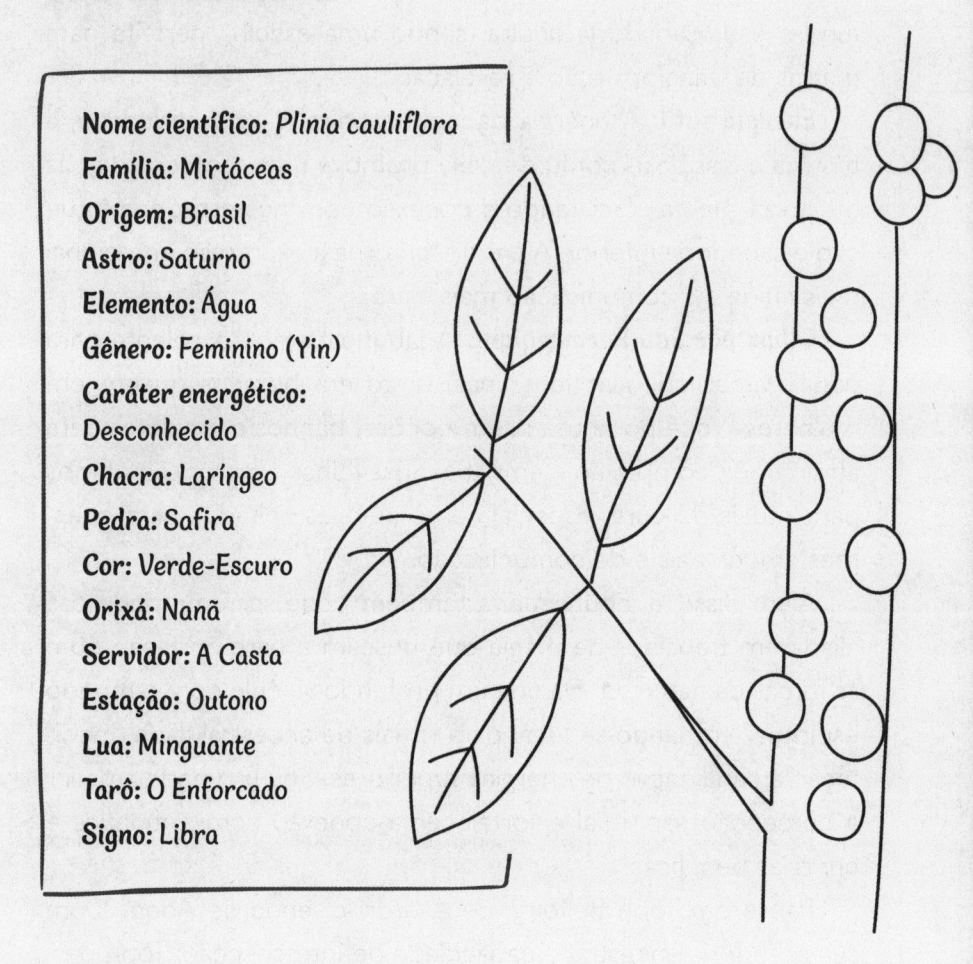

> **Nome científico:** *Plinia cauliflora*
> **Família:** Mirtáceas
> **Origem:** Brasil
> **Astro:** Saturno
> **Elemento:** Água
> **Gênero:** Feminino (Yin)
> **Caráter energético:** Desconhecido
> **Chacra:** Laríngeo
> **Pedra:** Safira
> **Cor:** Verde-Escuro
> **Orixá:** Nanã
> **Servidor:** A Casta
> **Estação:** Outono
> **Lua:** Minguante
> **Tarô:** O Enforcado
> **Signo:** Libra

Restrições e precauções

O consumo excessivo do fruto da jabuticabeira pode desregular o funcionamento do trato intestinal. Além disso, devido ao alto teor de tanino, deve-se evitar o consumo em grandes quantidades.

Sobre a jabuticabeira

A jabuticabeira é conhecida por sua capacidade de equilibrar as emoções e promover a introspecção. Ela é usada em rituais de cura emocional, sabedoria ancestral e conexão com o mundo espiritual. Atua como um portal para o reino das emoções profundas e da sabedoria oculta, sendo uma escolha perfeita para magias de transformação e revelação.

Energia sutil: A energia da jabuticabeira alivia a ansiedade, a tristeza e dissipa as confusões. Ela promove uma sensação de paz e clareza mental, facilitando a conexão com nossa própria intuição e sabedoria interior. Além disso, torna a expressão emocional mais fluida e a comunicação mais clara.

Olhar por Edu Parmeggiani: A jabuticabeira é excelente para equilibrar as energias femininas, tanto em homens quanto em mulheres. Você pode usá-la em poções, banhos e amuletos para atrair amor, compaixão e empatia. Suas folhas e frutos são ótimos para rituais de cura, especialmente aqueles voltados para questões emocionais e de comunicação.

Além disso, a jabuticabeira também pode ser uma poderosa aliada em trabalhos de magia que buscam a harmonização com as forças da natureza. Ela cria um profundo vínculo com o mundo espiritual, tornando-se ideal para rituais de ancestralidade, meditação e canalização de energias superiores. Seu uso pode ampliar a percepção espiritual e fortalecer a conexão com entidades e energias benéficas.

Pense em Toph Beifong, de *Avatar: a lenda de Aang*. Com sua sabedoria ancestral e capacidade de introspecção, Toph personifica a energia da jabuticabeira. Sua habilidade de "ver" através da terra e de encontrar clareza mental reflete a essência dessa planta, que promove a conexão com a sabedoria interior e o equilíbrio emocional.

Toph, com sua personalidade forte e determinação, recorre ao seu vínculo profundo com a terra para ter paz e clareza em momentos de confusão. Assim como a jabuticabeira alivia ansiedades e tristezas, Toph é uma fonte de força e equilíbrio para seus amigos, ajudando-os a superar desafios emocionais.

Nesse personagem, a capacidade de promover empatia e compaixão ressoa com a energia da jabuticabeira, que é empregada em rituais de cura e comunicação clara. Toph também ilustra a conexão com o mundo espiritual e a sabedoria interior, refletindo a capacidade dessa árvore de criar um profundo vínculo com as forças da natureza. A presença forte e protetora de Toph faz dela uma representação ideal das qualidades energéticas e vibrantes da jabuticabeira.

Jasmim

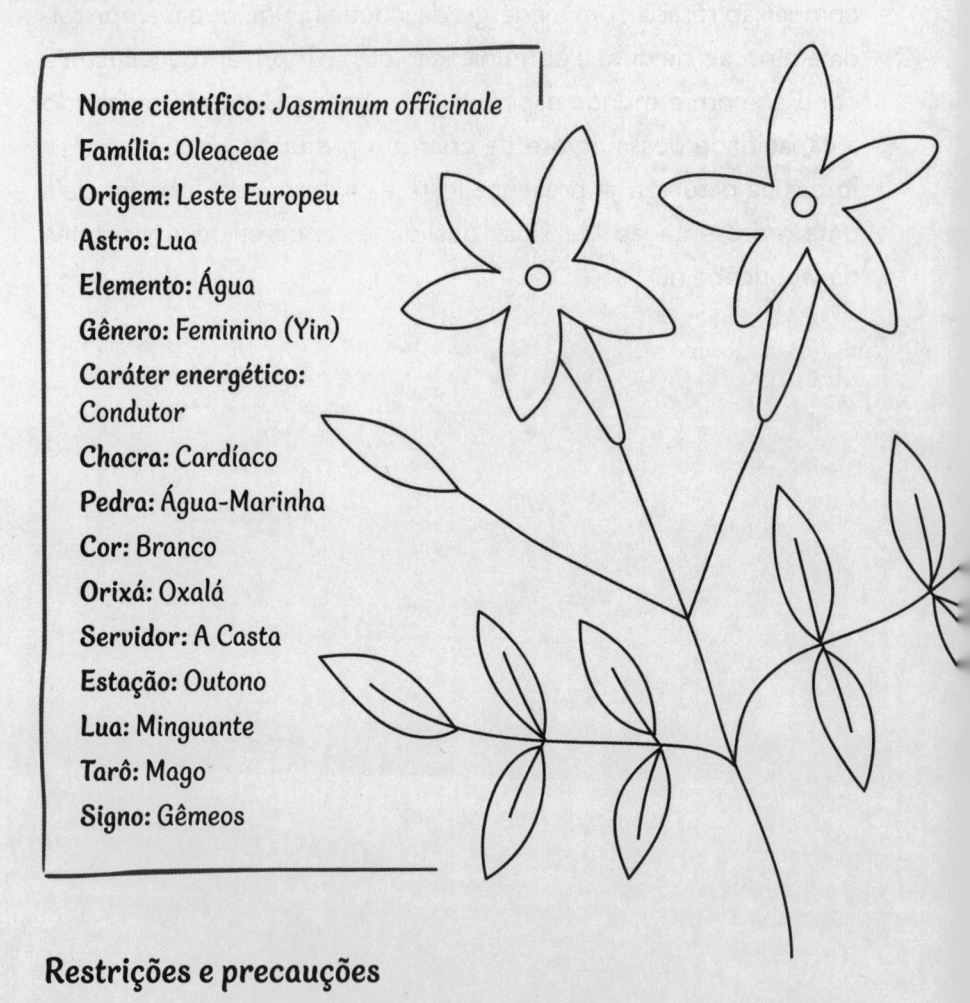

Nome científico: *Jasminum officinale*
Família: Oleaceae
Origem: Leste Europeu
Astro: Lua
Elemento: Água
Gênero: Feminino (Yin)
Caráter energético: Condutor
Chacra: Cardíaco
Pedra: Água-Marinha
Cor: Branco
Orixá: Oxalá
Servidor: A Casta
Estação: Outono
Lua: Minguante
Tarô: Mago
Signo: Gêmeos

Restrições e precauções

Não há registros da ocorrência de efeitos adversos ou tóxicos causados pelo jasmim.

Sobre o jasmim

O jasmim está ligado ao equilíbrio, à beleza, à purificação, à capacidade psíquica e ao bem-estar. Sua energia é ótima para tratar desequilíbrios emocionais e ativar o poder mágicko pessoal.

Energia sutil: O jasmim remove processos obsessivos e vícios como o fumo, as drogas e o jogo. Essa planta purifica pensamentos e emoções, promovendo uma visão sagrada com pureza e humildade.

Olhar por Edu Parmeggiani: O jasmim é muito versátil, mas, para canalizar melhor suas energias, é bom conhecer a magia das cores e alinhar a cor da flor com a sua intenção. Por exemplo, flores de jasmim amarelas são ideais para ativar a criatividade e a manifestação de desejos.

Além de ajudar nas capacidades psíquicas e potencializar a meditação, o jasmim pode ser usado em magias ligadas ao amor e ao romance. E ele é recomendado para aqueles que desejam ativar sua própria espiritualidade.

Lembra-se da Arwen, de *O Senhor dos Anéis*? Com sua beleza etérea, equilíbrio emocional e profunda conexão espiritual, Arwen representa a energia do jasmim. Sua presença serena e purificadora reflete a essência dessa planta, que trata desequilíbrios emocionais e ativa nosso poder mágicko pessoal.

Arwen é capaz de amar profundamente e de se sacrificar por aqueles que ama, ilustrando, assim, o poder do jasmim de promover o bem-estar e o equilíbrio emocional. Do mesmo modo que o jasmim remove processos obsessivos e vícios, Arwen mantém a pureza do pensamento e da emoção, enfrentando os desafios com graça e dignidade.

A habilidade dessa personagem de trazer paz e serenidade aos que a cercam ressoa com a energia do jasmim, que purifica pensamentos e emoções. Arwen também recorre à sua sabedoria e intuição para navegar por situações difíceis e tomar decisões importantes, espelhando a capacidade do jasmim de auxiliar na meditação e nas magias de amor e romance. Sua presença encantadora e harmoniosa faz dela uma representação ideal das qualidades energéticas e vibrantes dessa planta.

Laranjeira

Nome científico: *Citrus x sinensis*
Família: Rutaceae
Origem: China
Astro: Sol
Elemento: Água
Gênero: Masculino (Yang)
Caráter energético: Puro
Chacra: Sacro
Pedra: Quartzo
Cor: Laranja
Orixá: Oxalá
Servidor: A Dançarina
Estação: Outono
Lua: Minguante
Tarô: Enamorados
Signo: Gêmeos

Restrições e precauções

O consumo excessivo de laranja pode elevar significativamente os níveis de glicose, triglicerídeos e potássio. Se você já tem níveis elevados de potássio no sangue ou sofre de doença renal crônica, consulte um nutricionista ou médico antes de consumir essa fruta. Evite a laranja se estiver com o intestino solto. Se sofre de refluxo gastroesofágico, não a consuma à noite ou antes de dormir (isso vale para outras frutas cítricas também).

Sobre a laranjeira

A energia da laranjeira está ligada à alegria, vitalidade, sorte, fertilidade, luz e prosperidade. Você pode usar suas folhas e cascas de forma mágicka para extrair esses benefícios. A laranjeira é ótima para afastar o desânimo e os sentimentos nocivos, trazendo a alegria de volta para perto de você.

Energia sutil: A laranjeira promove o amor pelos outros, a estabilidade emocional, a leveza de alma, a maturidade e a conexão com sua missão de vida. Ela elimina sentimentos de abandono, memórias nocivas do passado e a sensação de solidão.

Olhar por Edu Parmeggiani: A laranjeira pode ser usada magickamente para purificar e energizar pessoas e ambientes, melhorando muito nossa disposição, energia vital e atraindo alegria e entusiasmo pela vida. As flores da laranjeira também são excelentes se empregadas em magias para quem deseja sorte e tranquilidade no amor, paixão e paz interior. Elas inspiram bons sentimentos e amenizam momentos de tristeza.

Toda essa energia me lembra Rapunzel, do filme *Enrolados*. Sua presença radiante e a capacidade de encontrar felicidade nas pequenas coisas refletem a essência da laranjeira, que afasta sentimentos nocivos e promove a felicidade. Rapunzel, cheia de curiosidade e com seu desejo de explorar o mundo, ilustra o poder da laranjeira de promover vitalidade, sorte e prosperidade.

Assim como a laranjeira elimina sentimentos de abandono e solidão, Rapunzel transforma sua solidão na torre em uma jornada de autodescoberta e conexão com os outros. Sua habilidade de inspirar bons sentimentos e sua disposição positiva ressoam com a energia da laranjeira, que purifica e energiza ambientes e pessoas, aumentando a disposição e o entusiasmo pela vida.

Rapunzel também faz uso de sua perspectiva otimista e amorosa para se conectar profundamente com as pessoas com quem encontra, refletindo a capacidade da laranjeira de promover leveza de alma, maturidade emocional e vínculo com a missão de vida. Sua presença inspiradora e harmoniosa faz dela uma representação ideal das qualidades energéticas e vibrantes da laranjeira.

Lavanda

Nome científico: *Lavandula angustifolia*
Família: Lamiaceae
Origem: Ásia
Astro: Mercúrio
Elemento: Ar
Gênero: Feminino (Yin)
Caráter energético: Puro
Chacra: Plexo Solar
Pedra: Quartzo Transparente
Cor: Amarelo
Orixá: Oxalá
Servidor: A Balanceadora
Estação: Primavera
Lua: Crescente
Tarô: Mago
Signo: Virgem

Restrições e precauções

Cuidado ao consumir a lavanda junto a medicamentos que atuam no sistema nervoso central, aqueles que servem para redução do colesterol ou anticoagulantes. Mulheres grávidas também não devem consumi-la. Além disso, para qualquer pessoa, o uso excessivo pode deixar a pele mais sensível.

Sobre a lavanda

A energia da lavanda está diretamente ligada à calma, à beleza, ao bem-estar, ao romance, à sensibilidade e à saúde. Ela tem o poder de despertar e acalmar a mente ao mesmo tempo. Quando você passa por situações de estresse, nervosismo ou ansiedade, a magia da lavanda pode ajudá-lo a reencontrar seu equilíbrio.

Energia sutil: A lavanda auxilia no planejamento do futuro, ajudando a desenvolver uma visão estratégica, o espírito empreendedor e a criar paz interior. Ela ajuda também a manter o equilíbrio, a não julgar e a respeitar os limites dos outros. Igualmente, permite enfrentar vários obstáculos ao mesmo tempo sem provocar desgaste.

Olhar por Edu Parmeggiani: A lavanda é ótima para devolver ao indivíduo um estado de sensibilidade espiritual, promovendo a harmonia energética com o corpo físico. Ela ajuda a combater problemas de sono, ansiedade e depressão.

Essa planta pode abrir a mente, libertando-a e potencializando nossas habilidades psíquicas. É muito usada em magias de cura e purificação. Além disso, sua energia está associada à fertilidade e ao amor, podendo ser usada em feitiços para atração, paixão e beleza.

Lembre-se da personagem Kida, de *Atlantis: o reino perdido*. Com sua calma, beleza e profunda conexão espiritual, Kida é a personificação da energia da lavanda. Sua presença serena e a capacidade de trazer paz e bem-estar refletem a essência dessa planta, que é utilizada para acalmar a mente e reequilibrar as emoções.

Kida tem espírito guerreiro e sensibilidade e, por isso, espelha o poder da lavanda de desenvolver uma visão estratégica e de criar paz interior. Assim como a lavanda ajuda a enfrentar situações de estresse e ansiedade, Kida mantém o ar ponderado e a sabedoria enquanto lidera seu povo e protege a Atlântida.

Sua habilidade de respeitar os limites dos outros e de não julgar ressoa com a energia da lavanda, que promove equilíbrio e harmonia espiritual. Kida também recorre à sua conexão com a energia espiritual para curar e purificar, refletindo o motivo de a lavanda ser usada em magias de cura e purificação. A presença forte e amorosa faz dessa personagem uma representação ideal das qualidades energéticas e vibrantes da lavanda, associadas à fertilidade, ao amor e à beleza.

Limão

Nome científico: *Citrus limonum*
Família: Rutaceae
Origem: Ásia
Astro: Lua
Elemento: Água
Gênero: Feminino (Yin)
Caráter energético: Puro
Chacra: Laríngeo
Pedra: Angelita
Cor: Azul
Orixá: Exu
Servidor: O Olho
Estação: Outono
Lua: Minguante
Tarô: Sacerdotisa
Signo: Câncer

Restrições e precauções

O consumo excessivo de limão pode causar dores de estômago, úlceras, refluxo, dores de cabeça, enxaqueca, sensibilidade nos dentes e aceleração dos batimentos cardíacos.

Sobre o limão

A energia do limão está ligada à proteção, purificação, saúde, longevidade e ao amor. Ele pode ser usado em magias de limpeza e é útil para retirar energias densas e nocivas, especialmente em casos de ataques psíquicos ou energéticos. Também é excelente para magias de saúde.

Energia sutil: O limão reconstrói a autoestima, fortalece as emoções, gera sensibilidade, promove sinceridade e perdão, alivia o choro e remove o medo e a preocupação excessiva com os outros.

Olhar por Edu Parmeggiani: O limão é ótimo para trabalhar e reequilibrar nosso campo emocional, trazendo serenidade e ponderação. Ele pode estimular a alegria, a energia e a criatividade, mandando para longe a tristeza e suavizando os sintomas de depressão.

A energia do limão também pode ser usada em magias para fortalecer laços e relacionamentos, ajudando a trazer amizades verdadeiras. Ele estimula o pensamento inovador e criativo.

Pense no livro *Matilda*, de Roald Dahl, que inspirou o famoso filme de mesmo título. A personagem principal, com sua inteligência, resiliência e capacidade de purificar o ambiente ao redor, personifica a energia do limão. A presença forte e determinada de Matilda reflete a essência desse fruto, que é utilizado para proteção, purificação e fortalecimento emocional. Matilda tem a habilidade de transformar situações adversas, trazendo clareza e alegria, e lembra o poder do limão de estimular a autoestima e remover o medo.

Assim como o limão ajuda a trabalhar e reequilibrar o campo emocional, Matilda usa sua inteligência e seus dons psíquicos para enfrentar desafios e injustiças, trazendo serenidade e ponderação para sua vida e para a daqueles que a cercam. Sua capacidade de fortalecer laços e de criar amizades sólidas ressoa com a energia do limão, que promove a sinceridade e o perdão.

Matilda esbanja ideias inovadoras e criatividade para resolver problemas, refletindo a capacidade do limão de estimular a alegria, a energia e a inovação. Sua presença inspiradora e harmoniosa faz dela uma representação ideal das qualidades energéticas e vibrantes do limão.

Lírio

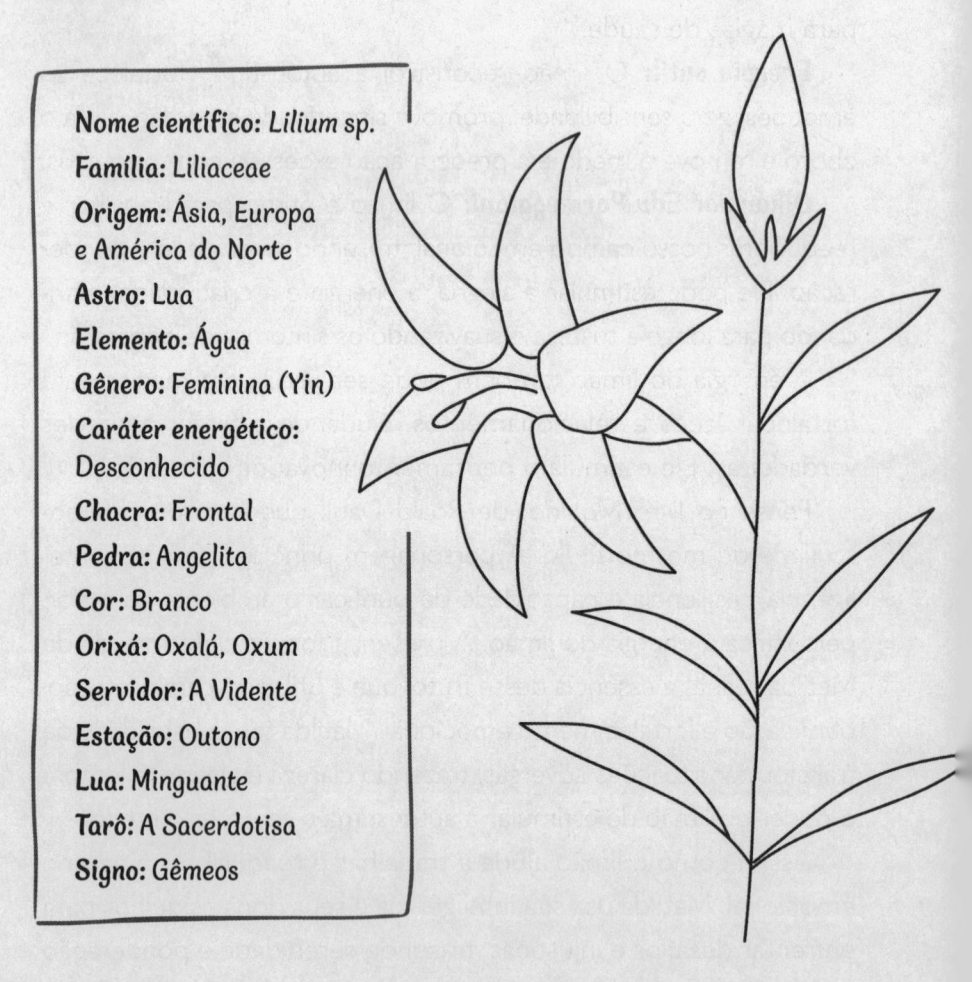

Nome científico: *Lilium* sp.
Família: Liliaceae
Origem: Ásia, Europa e América do Norte
Astro: Lua
Elemento: Água
Gênero: Feminina (Yin)
Caráter energético: Desconhecido
Chacra: Frontal
Pedra: Angelita
Cor: Branco
Orixá: Oxalá, Oxum
Servidor: A Vidente
Estação: Outono
Lua: Minguante
Tarô: A Sacerdotisa
Signo: Gêmeos

Restrições e precauções

O lírio não é aconselhado para gestantes e lactantes.

Sobre o lírio

O lírio tem sua energia associada à pureza, à transformação e à conexão com o divino. Ele é usado em rituais de cura emocional, intuição e magia lunar. Seu poder facilita a comunicação com o reino espiritual e purifica ambientes.

Energia sutil: O lírio atua desbloqueando e equilibrando o chacra frontal, abrindo portas para a clarividência e a intuição. Ele age como um espelho da alma, refletindo o que está oculto e trazendo à tona emoções reprimidas; desse modo, permite uma limpeza emocional profunda.

Olhar por Edu Parmeggiani: O lírio é uma planta de grande versatilidade mágicka. Sua energia pode ser canalizada em rituais de purificação, especialmente aqueles que visam limpar espaços de energias nocivas. As pétalas podem ser usadas em banhos mágickos para atrair paz e serenidade, enquanto o óleo essencial é excelente para fazer unções em objetos sagrados.

Além disso, o lírio tem um papel especial em magias que envolvem o amor-próprio e a autoaceitação. Também pode ser usado em feitiços para melhorar a comunicação em relacionamentos.

Conhece alguém que te lembre do lírio? Eu sempre penso em Rey, de *Star Wars*. Rey tem pureza de espírito, está sempre em transformação e mostra um vínculo profundo com a Força, por isso personifica a energia do lírio. Sua presença determinada e serena reflete a essência dessa planta, que é utilizada em rituais de cura emocional, intuição e magia lunar. Com sua jornada de autodescoberta e conexão com o reino espiritual, Rey ilustra a capacidade do lírio de facilitar a comunicação com o divino e de purificar ambientes.

Assim como o lírio desbloqueia e equilibra o chacra frontal, Rey tem uma visão clara e profunda, e recorre à sua clarividência e intuição para guiar suas ações e proteger os outros. Sua habilidade de trazer à tona emoções reprimidas e permitir uma limpeza emocional marcante ressoa com a energia do lírio, que age como um espelho da alma.

Rey também utiliza sua sabedoria e conexão com a Força para realizar rituais de purificação e proteção, refletindo, dessa forma, a versatilidade mágicka do lírio. Sua capacidade de promover a paz e a serenidade, tanto em si mesma quanto nos outros, faz dela uma representação ideal das qualidades energéticas e vibrantes desse vegetal.

Louro

Nome científico: *Laurus nobilis*
Família: Lauraceae
Origem: Mediterrâneo
Astro: Sol
Elemento: Fogo
Gênero: Feminino (Yin)
Caráter energético: Puro
Chacra: Laríngeo
Pedra: Olho de Tigre
Cor: Dourado
Orixá: Iansã, Oxalá, Oxóssi
Servidor: A Bruxa
Estação: Verão
Lua: Cheia
Tarô: Força
Signo: Leão

Restrições e precauções

Não há registros da ocorrência de efeitos adversos ou tóxicos relacionados ao louro.

Sobre o louro

A energia do louro está ligada à consciência, à clarividência, à fama, ao sucesso, ao banimento e ao poder. Ele pode ser empregado para ativar a intuição e os poderes psíquicos, tornando as visões mais claras. É muito utilizado em magias de prosperidade e dinheiro.

Energia sutil: O louro conduz a força dos planos espirituais para a terra, criando um campo de energia espiritual purificadora. Ele remove energias espirituais densas.

Olhar por Edu Parmeggiani: O louro é excelente para magias de banimento, ajudando a eliminar do nosso caminho aquilo que não desejamos, além de energias nocivas. Ele também é usado em amuletos para atrair boa sorte. Ainda, amplifica nosso poder em magias, ajudando na manifestação de nossas vontades e na realização de desejos.

Para mim, o louro tem muito a ver com o mago supremo Doutor Estranho, do universo Marvel. Doutor Estranho, com sua consciência elevada, clarividência e poder mágicko, personifica com perfeição a energia do louro. Sua presença poderosa e a capacidade de manipular as forças espirituais refletem a essência dessa planta, que é usada para ativar a intuição e os poderes psíquicos, além de promover sucesso e prosperidade.

Doutor Estranho tem a habilidade de banir energias nocivas e de criar campos de energia purificadora, por isso personifica o poder do louro de remover energias espirituais densas e de atrair boa sorte. Assim como o louro conduz a força dos planos espirituais para a terra, Doutor Estranho utiliza sua magia para manifestar suas vontades e realizar desejos, protegendo o mundo das ameaças sobrenaturais.

A sabedoria desse personagem e sua potência em magias ressoam com a energia do louro, que amplifica o poder mágicko e ajuda na realização de nossos objetivos. Doutor Estranho se mantém atento à sua clarividência e intuição para tomar decisões e guiar suas ações, espelhando a capacidade do louro de deixar nossas visões mais claras e precisas. Sua presença forte e determinada faz dele uma representação ideal das qualidades energéticas e vibrantes do louro.

Maçã

Nome científico: *Malus sp.*
Família: Rosaceae
Origem: Ásia Central e Ocidental
Astro: Vênus
Elemento: Água
Gênero: Feminino (Yin)
Caráter energético: Puro
Chacra: Frontal
Pedra: Quartzo Rosa
Cor: Rosa
Orixá: Oxum, Iansã, Obá
Servidor: Os Enamorados
Estação: Outono
Lua: Minguante
Tarô: Justiça
Signo: Libra

Restrições e precauções

Não há registros da ocorrência de efeitos adversos ou tóxicos causados pela maçã.

Sobre a maçã

A energia da maçã está ligada à saúde, ao amor, à prosperidade, ao conhecimento e à sabedoria. Ela é muito utilizada em magias de amor, pois sua cor, aroma, sabor e forma vibram nesse sentimento.

Energia sutil: A maçã ajuda a liberar o sorriso, promovendo paz no lar, bem-estar físico e emocional. Ela suprime falsos sentimentos e ajuda a priorizar o que é mais importante.

Olhar por Edu Parmeggiani: A maçã é o fruto do amor, então é possível entender sua ligação energética com magias desse campo, despertando nossas intenções, paixões e coragem. Mas ela vai além disso. As magias de prosperidade e fartura ganham ainda mais poder quando incluem a maçã, já que sua energia age como um multiplicador.

A maçã também pode ser usada em magias mentais para ampliar nossa mente e capacidades psíquicas, dotando-nos de conhecimento e transformando-o em sabedoria.

Pense em Elizabeth Bennet, do livro *Orgulho e preconceito*, de Jane Austen. Elizabeth, com sua inteligência, sabedoria e capacidade de amar profundamente, personifica a energia da maçã. Sua presença encantadora e sagaz reflete a essência dessa fruta, que é utilizada para promover saúde, amor e prosperidade.

Com sua habilidade de discernir o que é mais importante e sua busca por autenticidade, essa personagem traduz o poder da maçã de criar bem-estar físico e emocional. Assim como a maçã é usada em magias de amor e prosperidade, Elizabeth recorre à sua inteligência e perspicácia para superar preconceitos e encontrar o verdadeiro amor.

A busca incessante por conhecimento e a capacidade de transformar esse conhecimento em sabedoria são características de Elizabeth e ressoam com a energia da maçã, que amplia a mente e as capacidades psíquicas. Elizabeth utiliza sua coragem e determinação para enfrentar os desafios sociais e emocionais que encontra pela frente, espelhando a capacidade da maçã de despertar intenções, paixões e coragem. Sua presença inspiradora e harmoniosa faz dela uma representação ideal das qualidades energéticas e vibrantes da maçã.

Malva

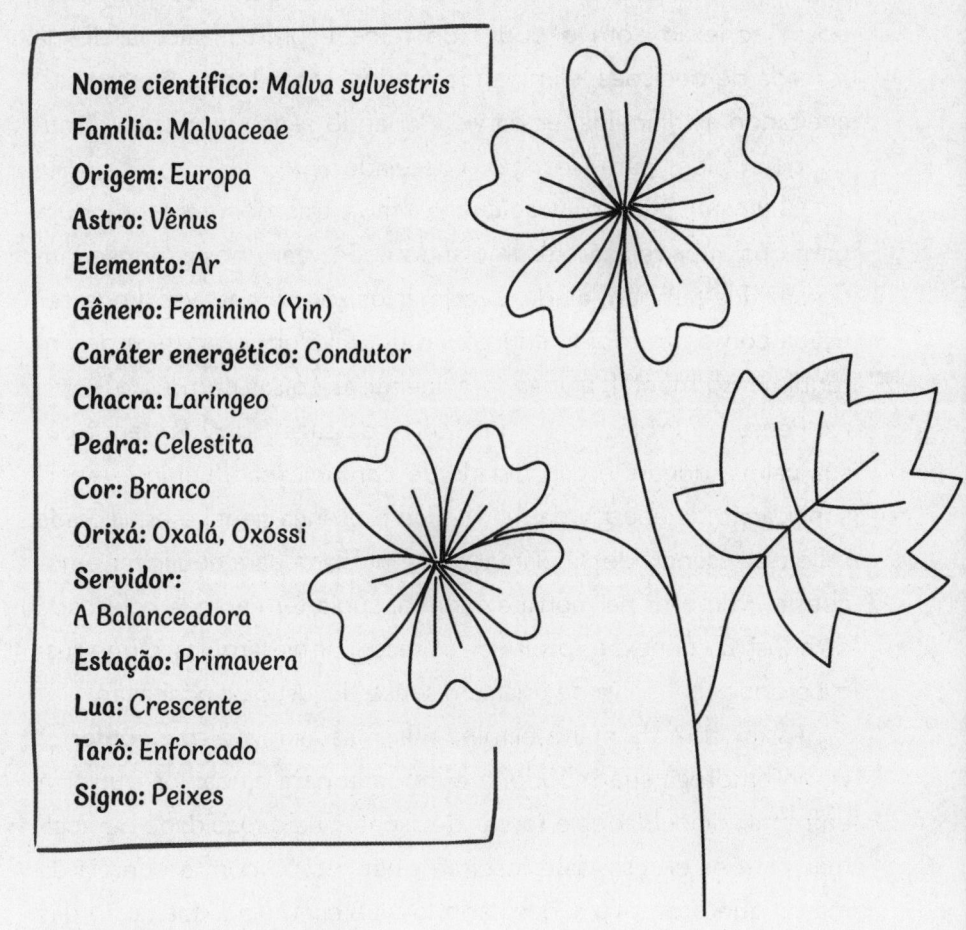

Nome científico: Malva sylvestris
Família: Malvaceae
Origem: Europa
Astro: Vênus
Elemento: Ar
Gênero: Feminino (Yin)
Caráter energético: Condutor
Chacra: Laríngeo
Pedra: Celestita
Cor: Branco
Orixá: Oxalá, Oxóssi
Servidor: A Balanceadora
Estação: Primavera
Lua: Crescente
Tarô: Enforcado
Signo: Peixes

Restrições e precauções

Se ingerida em doses altas, a malva pode causar desconforto abdominal e diarreia. Não é recomendada para pessoas com diarreia crônica.

Sobre a malva

A energia da malva está ligada à calma, à doçura, à comunicação, ao carinho, à amizade, à harmonia e ao equilíbrio. Ela é excelente para equilibrar emoções ou sentimentos descompensados.

Energia sutil: A malva é capaz de eliminar os miasmas astrais, responsáveis por trazer dor e desconforto à nossa vida. Ela facilita nossa conexão com o poder do reino espiritual, auxiliando na tomada de decisões, eliminando medos, respeitando hierarquias, aceitando as dificuldades da vida, criando senso de justiça e mudando atitudes para alcançar o desejado.

Olhar por Edu Parmeggiani: A malva traz doçura e brandura para qualquer relação, estimulando ações carinhosas e inspirando paz. Ela também ajuda a acalmar paixões excessivas. Pode ser usada como um tônico energético e auxilia em processos de entendimento mental, ajudando a aceitar as coisas como são.

Pense no Professor Remus Lupin, da saga *Harry Potter*. Com sua calma, doçura e capacidade de comunicação, Lupin é a personificação da energia da malva. Sua presença gentil e equilibrada reflete a essência dessa planta, que é utilizada para equilibrar emoções e promover harmonia e carinho. Lupin tem grande habilidade de construir conexões profundas e respeitar hierarquias, o que ilustra o poder da malva de criar um senso de justiça e aceitação.

Assim como a malva elimina miasmas astrais e traz conforto, Lupin emprega sua sabedoria e empatia para ajudar os outros a enfrentar dificuldades e tomar decisões. Sua capacidade de acalmar paixões excessivas e inspirar a paz ressoa com a energia da malva, que promove ações carinhosas e estimula a aceitação das dificuldades da vida.

Lupin também é gentil e compreensivo ao guiar seus alunos e amigos, espelhando a capacidade da malva de ajudar em processos de entendimento mental e aceitação. Sua presença inspiradora e equilibrada faz dele uma representação ideal das qualidades energéticas e vibrantes desse vegetal.

Mandrágora

Nome científico: *Mandragora officinarum*
Família: Solanaceae
Origem: Eurasiana
Astro: Saturno
Elemento: Fogo
Gênero: Masculino (Yang)
Caráter energético: Desconhecido
Chacra: Básico
Pedra: Obsidiana
Cor: Marrom
Orixá: Iansã, Exu
Servidor: O Olho
Estação: Inverno
Lua: Cheia
Tarô: A Morte
Signo: Gêmeos

Restrições e precauções

A mandrágora é uma planta tóxica e deve ser usada apenas com prescrição médica e em doses homeopáticas. Gestantes e lactantes devem evitar seu uso. Ela pode causar vermelhidão na pele, secura na boca, arritmia, dilatação das pupilas e constipação.

Sobre a mandrágora

A mandrágora é uma planta fascinante, associada à dualidade. Isso porque ela está ligada ao mesmo tempo à cura e à morte, ao amor e ao ódio. Complexa e poderosa, é frequentemente empregada em rituais de transformação, proteção e até em maldições. Imagine-a como uma chave para o reino oculto, um portal entre o mundo físico e o espiritual.

Energia sutil: A mandrágora ajuda a desbloquear energias reprimidas e a liberar o potencial oculto dentro de você. A vibração intensa dessa planta pode agitar suas emoções, trazendo à tona sentimentos e desejos ocultos. Isso pode ser libertador ou perturbador, dependendo da maneira como você lida com esses sentimentos.

Olhar por Edu Parmeggiani: A mandrágora é uma planta de extremos e deve ser usada com muito cuidado na magia. Ela é excelente para rituais de proteção, especialmente quando se trata de quebrar maldições e feitiços. Sua energia potente também é útil para trabalhos de transformação pessoal, como rituais de iniciação ou mudanças significativas em nossa trajetória.

Além disso, a mandrágora tem um papel especial em magias que envolvem o plano astral e a comunicação com entidades espirituais. Ela pode facilitar viagens astrais, evocações e até adivinhações. No entanto, lembre-se: a mandrágora não tolera descuidos e pode reagir de modo imprevisível se não for tratada com respeito e conhecimento.

Sempre que penso na mandrágora, me lembro do bruxo Geralt de Rívia, da série *The Witcher*. Geralt, com sua personalidade complexa e poderosa, personifica a energia da mandrágora. Ele é enigmático, atuando tanto como protetor quanto como figura temida, por isso reflete a essência dessa planta, que está presente em rituais de transformação, proteção e até de maldições.

Assim como a mandrágora pode provocar um turbilhão de emoções e trazer à tona sentimentos ocultos, Geralt lida constantemente com conflitos internos e seu passado sombrio, usando sua força para se proteger e transformar. Sua habilidade de quebrar maldições e feitiços ressoa com a energia da mandrágora.

Geralt recorre a seus profundos conhecimentos em alquimia e magia para navegar entre o mundo físico e o espiritual, o que espelha a capacidade da mandrágora de facilitar a comunicação com entidades espirituais e viagens astrais. Sua presença intensa e enigmática faz dele a representação ideal das qualidades energéticas e vibrantes desse vegetal.

Manjericão

Nome científico: *Ocimum basilucum*
Família: Lamiaceae
Origem: Ásia e África
Astro: Marte
Elemento: Fogo
Gênero: Masculino (Yang)
Caráter energético: Condutor
Chacra: Raiz
Pedra: Diamante
Cor: Verde
Orixá: Iemanjá, Oxalá, Iansã, Omolu
Servidor: O Sol
Estação: Verão
Lua: Cheia
Tarô: Imperatriz
Signo: Touro

Restrições e precauções

Não há registros de efeitos adversos ou tóxicos conhecidos relacionados ao manjericão. Então, sinta-se à vontade para usá-lo com segurança, sem descuidar da moderação.

Sobre o manjericão

O manjericão é uma planta mágicka incrível, ligada à transformação, à cura, à segurança, à força, à prosperidade, à sorte e à alegria. Ele ajuda a trazer tranquilidade à nossa vida, bloqueando acessos de raiva e evitando conflitos e discussões.

Energia sutil: O manjericão estimula a energia mental, abrindo nossa consciência para que possamos perceber o que está errado, encontrar a verdade e tomar boas decisões. Ele é como um guia gentil, ajudando você a fazer escolhas sensatas.

Olhar por Edu Parmeggiani: O manjericão é excelente se empregado em magias de prosperidade, atraindo sorte e sucesso. Sua energia é intensa e eficaz na limpeza e proteção, tanto de pessoas quanto de ambientes. Quando usado com a intenção de purificação, ele limpa seu campo energético externo e auxilia na limpeza interna, trabalhando em sua mente.

Essa erva também proporciona paz e compreensão aos relacionamentos, aquecendo romances e fortalecendo laços. Pense no manjericão como aquele amigo que traz uma palavra de conforto e ajuda a manter a harmonia.

Sempre que penso no manjericão, me lembro de Bilbo Bolseiro, de *O Hobbit*. Com sua habilidade de transformar situações difíceis, encontrar força interior e atrair prosperidade e sorte, Bilbo personifica a energia do manjericão. Sua presença tranquila e sagaz reflete a essência desse vegetal, que bloqueia acessos de raiva e promove a temperança.

Bilbo tem uma invejável capacidade de fazer boas escolhas e de tomar decisões acertadas, por isso ilustra a maneira como o manjericão estimula a energia mental e abre nossa consciência para a verdade. Assim como o manjericão garante a paz e a compreensão nos relacionamentos, esse personagem recorre à sua inteligência e compaixão para formar laços profundos e aquecer os romances, além de demonstrar carinho pela família e pelos amigos.

A habilidade de Bilbo de encontrar a verdade e de tomar decisões sensatas ressoa com a energia do manjericão, que auxilia na purificação e na proteção de pessoas e ambientes. Bilbo também demonstra uma capacidade inata de prosperar e atrair a sorte em suas aventuras, espelhando, desse modo, a capacidade do manjericão de promover prosperidade e sucesso. A presença inspiradora e equilibrada faz de Bilbo Bolseiro uma representação ideal das qualidades energéticas e vibrantes dessa erva.

Manjerona

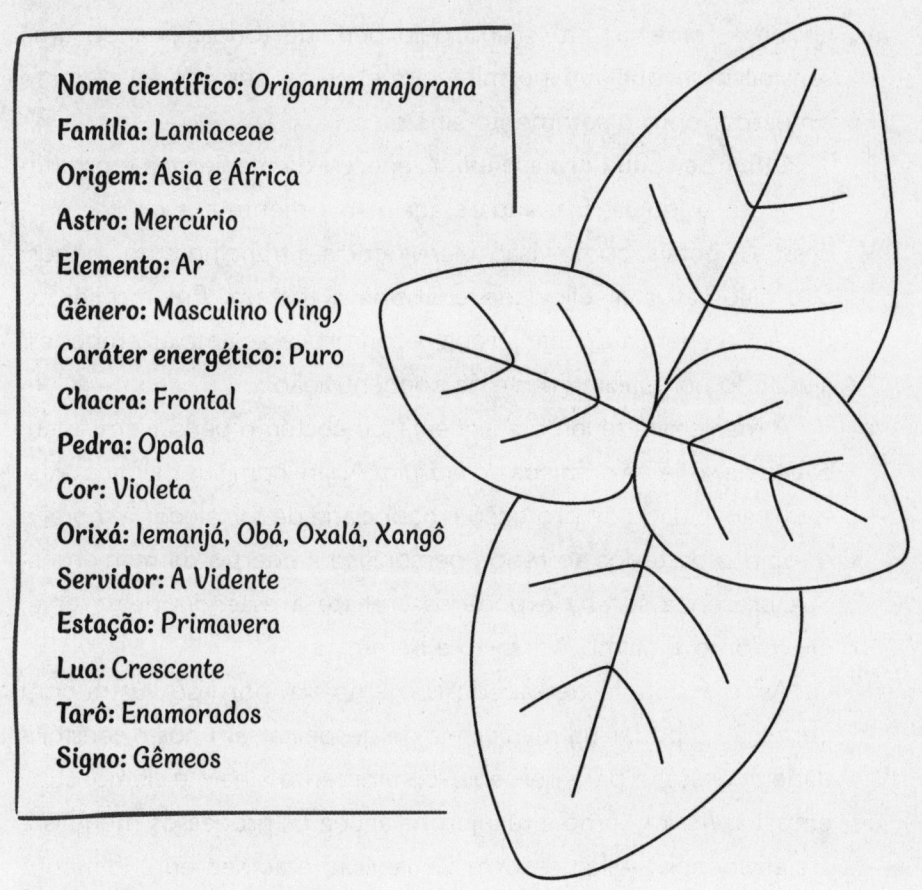

Nome científico: *Origanum majorana*
Família: Lamiaceae
Origem: Ásia e África
Astro: Mercúrio
Elemento: Ar
Gênero: Masculino (Ying)
Caráter energético: Puro
Chacra: Frontal
Pedra: Opala
Cor: Violeta
Orixá: Iemanjá, Obá, Oxalá, Xangô
Servidor: A Vidente
Estação: Primavera
Lua: Crescente
Tarô: Enamorados
Signo: Gêmeos

Restrições e precauções

Não há registros de efeitos adversos ou tóxicos conhecidos associados à manjerona.

Sobre a manjerona

A manjerona é uma planta incrível, que atua na calma, no conforto, na defesa, na cura, na proteção, no bem-estar e no amor. Ela é perfeita quando trabalha em magias relacionadas ao amor e aos relacionamentos, além de fortalecer as defesas energéticas no campo da proteção.

Energia sutil: A manjerona fortalece o respeito pela opinião alheia e ajuda você a viver pacificamente em comunidade. Ela ensina a trabalhar em grupo pelo bem de todos, criando uma sensibilidade que lhe permite perceber as pessoas ao redor e simpatizar com o sofrimento alheio.

Olhar por Edu Parmeggiani: A energia da manjerona é profundamente psíquica. Ela ajuda a acalmar a mente e a aguçar processos mentais, como visão, clarividência e trabalho com sonhos. Seu calor ativa a felicidade e dissipa a tristeza. Em momentos difíceis, a energia da manjerona reconforta e acalma as emoções, ajudando no relaxamento e na concentração.

A manjerona te lembra alguém? Eu costumo pensar em Aslan, o leão da série *As crônicas de Nárnia*. Aslan, com sua calma majestosa, capacidade de proteção e habilidade de fortalecer a moral e o espírito de todos ao redor, personifica a energia da manjerona. Sua presença serena e poderosa reflete a essência dessa erva, que promove calma, conforto e bem-estar.

Aslan é dotado de sabedoria e empatia, por isso ilustra com perfeição o poder da manjerona de despertar em nós a sensibilidade necessária para perceber o sofrimento alheio e demonstrar empatia. Assim como a manjerona aguça os processos mentais e a clarividência, Aslan recorre à sua visão e ao seu entendimento profundo para guiar e proteger os habitantes de Nárnia.

A capacidade desse personagem de acalmar e reconfortar em momentos de crise ressoa com a energia da manjerona, que ajuda a dissipar a tristeza e ativar a felicidade. Aslan também demonstra uma sabedoria inata que lhe permite curar e proteger emocionalmente aqueles que estão por perto, refletindo a energia da manjerona ao promover a proteção, a cura e o amor. Sua presença inspiradora e equilibrada faz dele a representação ideal das qualidades energéticas e vibrantes dessa planta.

Maracujá

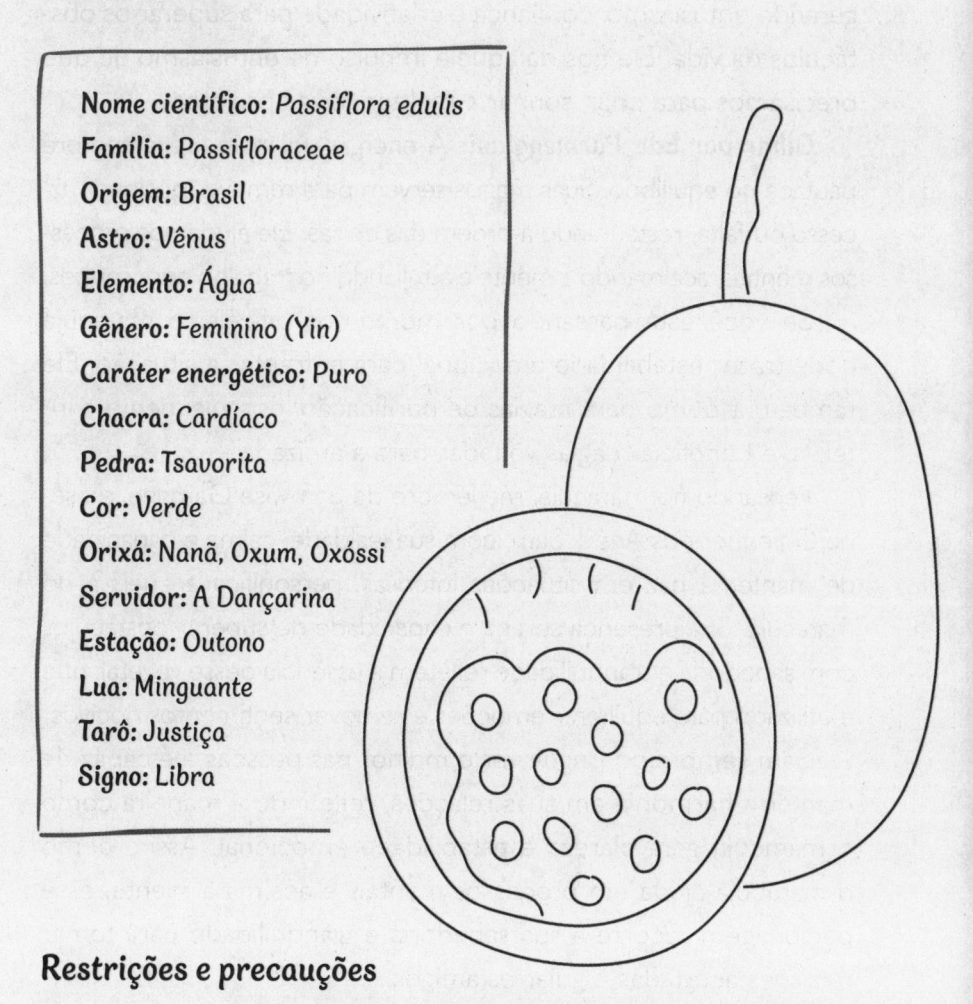

Nome científico: *Passiflora edulis*
Família: Passifloraceae
Origem: Brasil
Astro: Vênus
Elemento: Água
Gênero: Feminino (Yin)
Caráter energético: Puro
Chacra: Cardíaco
Pedra: Tsavorita
Cor: Verde
Orixá: Nanã, Oxum, Oxóssi
Servidor: A Dançarina
Estação: Outono
Lua: Minguante
Tarô: Justiça
Signo: Libra

Restrições e precauções

O maracujá é contraindicado para grávidas e pessoas com pressão baixa. Em doses excessivas, pode ser tóxico, causando sonolência e intoxicação cianídrica. Portanto, use com moderação.

Sobre o maracujá

A energia do maracujá está ligada à calma, ao equilíbrio, à clareza, à consciência, à paz e à espiritualidade. Ele é perfeito para magias que buscam equilibrar emoções intensas e remover sentimentos nocivos.

Energia sutil: O maracujá ajuda a assumir responsabilidades, gerando entusiasmo, confiança e criatividade para superar os obstáculos da vida. Ele nos dá aquele impulso de entusiasmo de que precisamos para criar, sonhar e realizar novos projetos.

Olhar por Edu Parmeggiani: A energia do maracujá é sempre pautada no equilíbrio. Suas magias servem para remover qualquer excesso ou falta, restaurando a ordem das coisas. Ele ajuda nos processos mentais, acalmando a mente e auxiliando no trabalho com sonhos.

Se você está passando por momentos difíceis, o maracujá pode trazer estabilidade emocional para enfrentar a situação. Ele também é ótimo para magias de purificação, especialmente a interna, e beneficia magias voltadas para a amizade.

Pensando no maracujá, me lembro de Samwise Gamgee, da série *O Senhor dos Anéis*. Sam, com sua lealdade, calma e capacidade de manter a paz em situações intensas, personifica a energia do maracujá. Sua presença serena e capacidade de superar obstáculos com sabedoria e tranquilidade refletem a essência desse vegetal, que é utilizado para equilibrar emoções e remover sentimentos nocivos.

Sam sempre consegue ver o melhor nas pessoas e é capaz de manter a harmonia em suas relações, refletindo a maneira como o maracujá gera clareza e estabilidade emocional. Assim como o maracujá ajuda em processos mentais e acalma a mente, esse personagem recorre à sua sabedoria e tranquilidade para tomar decisões acertadas e guiar os amigos.

A capacidade de purificar e equilibrar o ambiente está presente em Sam e ressoa com a energia do maracujá, que promove a purificação interna e a harmonia emocional. Sam também demonstra uma habilidade inata de promover a paz e a amizade, refletindo o poder dessa planta de fornecer estabilidade emocional e apoio em momentos difíceis. Sua presença inspiradora e equilibrada faz dele a representação ideal das qualidades energéticas e vibrantes do maracujá.

Margarida

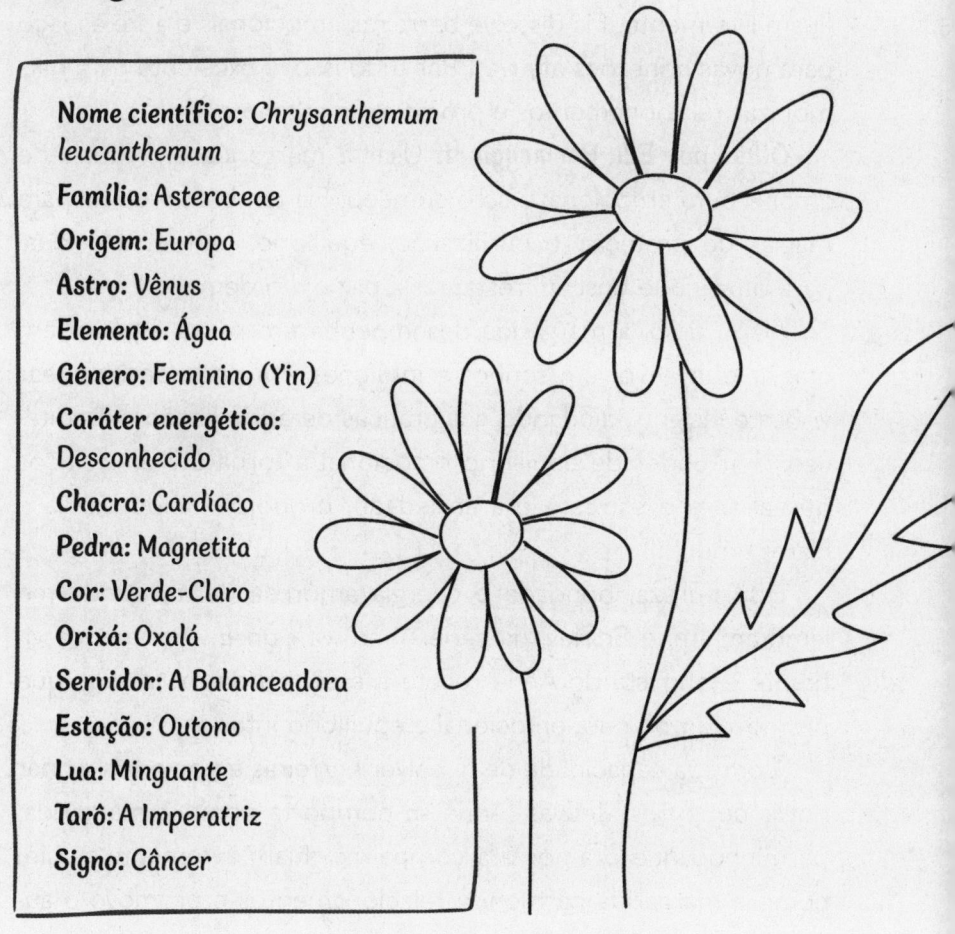

Nome científico: *Chrysanthemum leucanthemum*
Família: Asteraceae
Origem: Europa
Astro: Vênus
Elemento: Água
Gênero: Feminino (Yin)
Caráter energético: Desconhecido
Chacra: Cardíaco
Pedra: Magnetita
Cor: Verde-Claro
Orixá: Oxalá
Servidor: A Balanceadora
Estação: Outono
Lua: Minguante
Tarô: A Imperatriz
Signo: Câncer

Restrições e precauções

A margarida é contraindicada para quem tem problemas gastrointestinais. Use com cuidado.

Sobre a margarida

A energia da margarida está ligada ao amor, à pureza e à bondade. Ela é uma ponte para o reino emocional e o sagrado feminino, além de ser poderosa em rituais de amor, cura emocional e equilíbrio interior.

Energia sutil: A margarida permite que o amor e a compaixão fluam livremente. Ela dissolve barreiras emocionais e abre espaço para novas conexões afetivas. Por tudo isso, é excelente para harmonizar relacionamentos e promover o autoamor.

Olhar por Edu Parmeggiani: Usar a margarida em rituais de amor e cura emocional é só o começo. Ela também é ótima para magias de proteção e purificação, equilíbrio, harmonia e ideal para rituais que buscam restaurar a paz e a ordem.

Além disso, a margarida desempenha um papel especial em magias que envolvem sonhos e intuições. Ela pode desbloquear visões e insights, ajudando nas práticas de adivinhação e meditação. Seu poder de equilíbrio emocional a torna útil em feitiços que aliviam o estresse e a ansiedade, proporcionando calma e clareza mental.

Essa pureza, bondade e energia amorosa da margarida me lembram Anne Shirley, da série *Anne with an E*. A presença vibrante e otimista de Anne reflete a essência da margarida, que promove amor, cura emocional e equilíbrio interior.

Com sua capacidade de dissolver barreiras emocionais e criar novas conexões afetivas, Anne se comporta como a margarida, permitindo que o amor e a compaixão fluam livremente. Assim como a margarida harmoniza relacionamentos e promove o autoamor, Anne esbanja empatia e gentileza e com isso cria laços profundos e significativos com todos ao seu redor.

Sua habilidade de restaurar a paz e a ordem em situações difíceis ressoa com a energia da margarida, ideal para rituais de proteção e purificação. Anne também demonstra uma habilidade inata de desbloquear visões e insights, refletindo a maneira como essa planta ajuda nas práticas de adivinhação e meditação. A presença inspiradora e equilibrada dessa personagem faz dela a representação perfeita das qualidades energéticas e vibrantes da margarida.

Melissa (erva-cidreira)

Nome científico: *Melissa officinalis*
Família: Lamiaceae
Origem: Sul da Europa
Astro: Lua
Elemento: Água
Gênero: Feminino (Yin)
Caráter energético: Puro
Chacra: Plexo Solar
Pedra: Morganita
Cor: Prateado
Orixá: Oxum
Servidor: A Carnal
Estação: Outono
Lua: Minguante
Tarô: Carro
Signo: Câncer

Restrições e precauções

A melissa pode potencializar o efeito de medicamentos sedativos ou calmantes e não é recomendada para grávidas e lactantes. Use com cuidado.

Sobre a melissa

A melissa é uma planta maravilhosa, que atua no amor, na intuição, na clareza, na saúde, no relacionamento, no sucesso e na harmonia. Ela é perfeita para magias que fortalecem os sentimentos amorosos de todas as naturezas, conectando-nos com o pulsar da vida planetária.

Energia sutil: A melissa nos ajuda a tomar consciência dos processos da infância, permitindo compreender melhor o que vivemos hoje. Ela estimula a gentileza, o amor, a honestidade e a superação de dificuldades, sendo útil, por exemplo, em divórcios difíceis. Também é eficaz na remoção de traumas de maus-tratos infantis, medos e fobias de animais venenosos.

Olhar por Edu Parmeggiani: A melissa é uma planta que atua em todos os campos do coração, desde o amor-próprio até a superação de dores, como as causadas pelos rompimentos. Suas propriedades de limpeza de dores traumáticas são extremamente poderosas.

O relaxamento emocional proporcionado pela melissa pode ser usado para aquietar a mente em momentos de meditação, e essa energia também auxilia na ampliação da intuição. Essa planta é usada em magias de saúde e cura, especialmente nas curas emocionais.

Quando penso na melissa, me lembro de Clara Oswald, da série *Doctor Who*. Com sua gentileza, amor e capacidade de superar dificuldades, Clara personifica a energia da melissa. Sua presença serena e sua habilidade de manter a calma em situações intensas refletem a essência desse vegetal, que fortalece sentimentos amorosos e promove a harmonia.

Clara é craque em entender e lidar com traumas e medos, o que ilustra o modo como a melissa remove bloqueios e promove a superação. Assim como essa planta ajuda a acalmar a mente e ampliar a intuição, Clara usa sua sabedoria e tranquilidade para tomar decisões acertadas e guiar Doutor em suas aventuras.

A capacidade de Clara de promover a cura emocional e restaurar a paz ressoa com a energia da melissa, ideal para magias de saúde e cura. Clara também demonstra um talento inato para promover o amor-próprio e a autoaceitação, refletindo a maneira como a melissa fornece estabilidade emocional e apoio em momentos difíceis. A presença inspiradora e equilibrada dessa personagem faz de Clara uma representação ideal das qualidades energéticas e vibrantes dessa planta.

Milefólio (mil-folhas)

Nome científico: *Achillea millefolium*
Família: Asteraceae
Origem: Europa e Ásia Ocidental
Astro: Vênus
Elemento: Água
Gênero: Feminino (Yin)
Caráter energético: Puro
Chacra: Sacral
Pedra: Malaquita
Cor: Azul-Claro
Orixá: Oxalá
Servidor: O Mestre
Estação: Outono
Lua: Minguante
Tarô: Julgamento
Signo: Gêmeos

Restrições e precauções

A ingestão do milefólio é contraindicada para gestantes e para quem já teve alergia a essa planta. Tenha cuidado!

Sobre o milefólio

A energia do milefólio está ligada a atração, limpeza, proteção, cura, coragem, amizade, crescimento e energia. Ele é muito utilizado em magias e tratamentos de cura, bem como para limpeza e proteção.

Energia sutil: O milefólio ajuda a encontrar as melhores palavras para expressar seus pensamentos, a ser objetivo e a praticar o que você pensa e quer. Ele incentiva você a falar sobre o que sente, sem se reprimir, e a ter coragem de resolver as coisas na hora.

Olhar por Edu Parmeggiani: O milefólio é excelente para promover a cura do corpo, da mente e da alma. Suas flores ajudam na proteção mental, removendo o medo e impedindo pesadelos. Sua energia é poderosa para alcançar a cura, a verdade e a clareza.

Esse vegetal ajuda você a entender seu chamado e a se manter fiel a esse propósito. Traz equilíbrio, adaptabilidade e maleabilidade, criando um campo de proteção mental que bloqueia influências externas. O milefólio tem o poder de acessar a potência de sua própria alma e espírito.

Quando penso no milefólio, lembro de Katara, da série *Avatar: a lenda de Aang*, que, com sua capacidade de cura, proteção e coragem, personifica a energia dessa planta. A presença serena de Katara e sua habilidade de encontrar as melhores palavras para expressar seus pensamentos refletem a essência do milefólio, que promove cura, coragem e verdade.

Katara mostra grande determinação em proteger e cuidar dos outros, ilustrando o modo como o milefólio oferece proteção mental e emocional. Assim como essa planta promove a cura do corpo, da mente e da alma, Katara usa suas habilidades de dobra de água para curar feridas e restaurar a saúde de seus amigos.

A capacidade dessa personagem de manter a clareza e a objetividade em situações difíceis ressoa com a energia do milefólio, que incentiva as pessoas a falarem sobre o que sentem e a resolverem as coisas na hora. Katara também demonstra uma habilidade inata de promover crescimento e adaptabilidade, refletindo a maneira como essa planta oferece equilíbrio e maleabilidade. Sua presença inspiradora e equilibrada faz dela uma representação ideal das qualidades energéticas e vibrantes do milefólio.

Milho

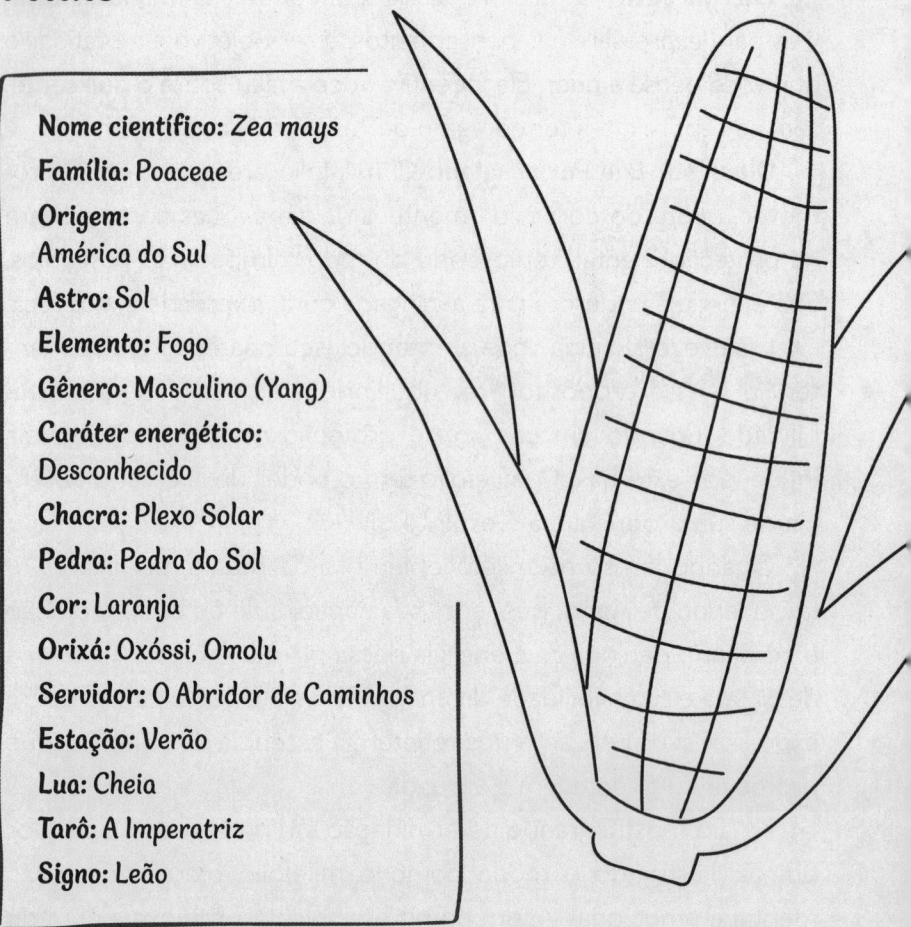

Nome científico: *Zea mays*
Família: Poaceae
Origem: América do Sul
Astro: Sol
Elemento: Fogo
Gênero: Masculino (Yang)
Caráter energético: Desconhecido
Chacra: Plexo Solar
Pedra: Pedra do Sol
Cor: Laranja
Orixá: Oxóssi, Omolu
Servidor: O Abridor de Caminhos
Estação: Verão
Lua: Cheia
Tarô: A Imperatriz
Signo: Leão

Restrições e precauções

O chá de cabelo de milho é contraindicado para quem tem problemas de próstata.

Sobre o milho

O milho é um grão associado ao Sol, à luz e à vitalidade. Símbolo de abundância, prosperidade e fertilidade, ele é usado para abrir caminhos em diversos aspectos da vida.

Energia sutil: O milho carrega uma energia que atua como um catalisador para a autoconfiança e o empoderamento pessoal. Ele fortalece nossa capacidade de ação e decisão, melhorando a autoestima e permitindo que nos sintamos mais centrados para enfrentar desafios.

Olhar por Edu Parmeggiani: O milho pode ser usado de várias formas: em grãos, como farinha ou como óleo; até a palha tem aplicação. Os grãos são ótimos para feitiços de prosperidade e abundância, enquanto a palha é usada para confeccionar bonecos para rituais de magia simpática. O óleo de milho é excelente para ungir velas em rituais que buscam sucesso e realização pessoal.

O milho mantém uma ligação forte com divindades da caça e da agricultura, o que o torna ideal para oferendas e rituais que buscam a bênção dessas entidades. Associado ao elemento fogo, ele pode amplificar as energias de crescimento e expansão.

Essas características me fazem lembrar de Tiana, do filme *A princesa e o sapo*, da Disney. Tiana, com sua energia de luz, vitalidade e determinação, personifica claramente a energia do milho. Sua presença vibrante e sua capacidade de transformar desafios em oportunidades refletem a essência desse vegetal, que é utilizado para abrir caminhos e promover a prosperidade.

Tiana mostra dedicação e trabalho duro para alcançar seus sonhos, e desse modo espelha a maneira como o milho fortalece a autoconfiança e o empoderamento pessoal. Assim como o milho é um símbolo de abundância e prosperidade, essa princesa usa sua habilidade culinária e sua paixão para criar uma vida melhor para si mesma e sua comunidade.

A capacidade de manter a autoestima elevada e de enfrentar desafios com coragem ressoa com a energia do milho, que atua como um catalisador para a ação e decisão. Tiana também demonstra uma habilidade inata de promover o crescimento e a expansão, refletindo o poder do milho de amplificar as energias de sucesso e realização pessoal. A presença inspiradora e determinada faz dessa princesa uma representação ideal das qualidades energéticas e vibrantes do milho.

Mirra

Nome científico: *Commiphora myrrha*
Família: Burseraceae
Origem: África
Astro: Lua
Elemento: Ar
Gênero: Feminino (Yin)
Caráter energético: Desconhecido
Chacra: Cardíaco
Pedra: Água-Marinha
Cor: Verde-Água
Orixá: Obaluaiê
Servidor: O Levitador
Estação: Primavera
Lua: Nova
Tarô: A Sacerdotisa
Signo: Aquário

Restrições e precauções

O uso da mirra é contraindicado para gestantes e diabéticos, e seu consumo excessivo pode acelerar os batimentos cardíacos. Sua ingestão não é recomendada.

Sobre a mirra

A mirra tem sua energia conectada ao sagrado, à meditação e aos processos de cura. Ela é um portal para o reino espiritual, oferecendo proteção e purificação. Tem o poder de limpar o ambiente de energias nocivas e facilitar o vínculo com o divino.

Energia sutil: A mirra atua expandindo a consciência e aprimorando a intuição. Ela ajuda a liberar bloqueios mentais, proporcionando maior clareza de pensamento e sentimento. Além disso, facilita estados meditativos profundos, ajudando a mente a se libertar de distrações mundanas e a se concentrar no divino.

Olhar por Edu Parmeggiani: Seja seca ou na forma de resina, a mirra pode ser queimada como incenso para purificação, meditação ou para honrar divindades. Ela é particularmente eficaz em magias de cura espiritual, proteção e elevação da consciência, e pode ser usada em misturas e poções para fortalecer a intenção mágicka.

Além disso, a mirra pode auxiliar em magias de cura física e espiritual. É uma planta que, quando empregada com respeito e conhecimento, pode trazer insights profundos e maior conexão com o mundo espiritual.

Eu associo essas características com Morpheus, da série *Matrix*. Morpheus mantém um vínculo profundo com o sagrado e tem a habilidade de guiar os outros para a verdade, representando de maneira inconfundível a energia da mirra. Sua presença serena e a capacidade de purificar a mente e o ambiente refletem a essência dessa planta, que é utilizada para proteção e conexão com o divino.

Morpheus esbanja sabedoria e é capaz de expandir a consciência e de aprimorar sua intuição; por isso, reflete o modo como essa planta libera bloqueios mentais e facilita estados meditativos profundos. Assim como a mirra ajuda a liberar distrações mundanas e se concentrar no divino, esse personagem recorre à sua sabedoria e tranquilidade para guiar Neo e os outros em sua jornada espiritual e de autodescoberta.

A capacidade de Morpheus de promover a cura espiritual e elevar a consciência ressoa com a energia da mirra, ideal para rituais de purificação e elevação espiritual. Morpheus também demonstra uma habilidade inata de proporcionar proteção e insights, espelhando o poder da mirra de fornecer clareza de pensamento e sentimento. Sua presença inspiradora e elevada faz de Morpheus uma representação ideal das qualidades energéticas e vibrantes da mirra.

Noz-moscada

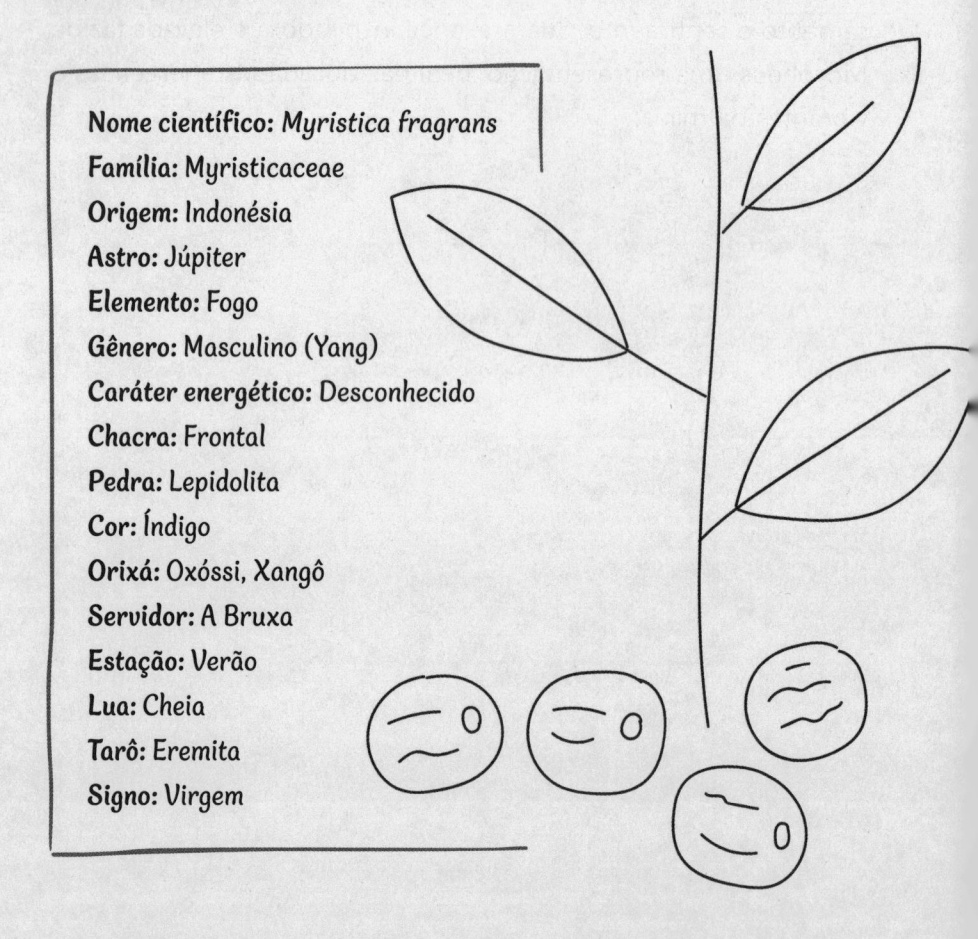

Nome científico: *Myristica fragrans*
Família: Myristicaceae
Origem: Indonésia
Astro: Júpiter
Elemento: Fogo
Gênero: Masculino (Yang)
Caráter energético: Desconhecido
Chacra: Frontal
Pedra: Lepidolita
Cor: Índigo
Orixá: Oxóssi, Xangô
Servidor: A Bruxa
Estação: Verão
Lua: Cheia
Tarô: Eremita
Signo: Virgem

Restrições e precauções

Em excesso, a noz-moscada pode causar dor de cabeça, enjoo, alucinações e ânsia de vômito. Use com moderação!

Sobre a noz-moscada

A noz-moscada está ligada à autoridade, à clarividência, à concentração, ao amor, à sorte, à energia e ao poder. Ela é usada em magias para ampliar a concentração e aumentar a capacidade psíquica, despertando visões, clarividência e intuição.

Energia sutil: A noz-moscada ajuda a atrair sorte e abundância, além de despertar a fidelidade e a lealdade. Essa planta ativa dons psíquicos e ajuda a atrair novas formas de ganhos financeiros.

Olhar por Edu Parmeggiani: A magia da noz-moscada pode ser empregada para aquecer relações e despertar o amor-próprio. Ela também auxilia no magnetismo pessoal e na autoconfiança. Pode, ainda, potencializar outras magias ou aumentar nosso próprio poder de manifestação, ajudando a realizar nossos desejos.

A noz-moscada é capaz de guiar você para uma vida de sucesso e de ajudá-lo a encontrar e fortalecer boas amizades.

Toda essa conexão psíquica me faz lembrar da Eleven, da série *Stranger Things*. Eleven tem habilidades de clarividência, concentração e poderes psíquicos, por isso personifica a energia da noz-moscada. Sua presença poderosa e sua capacidade de despertar visões e intuições refletem a essência da noz-moscada, que é usada para ampliar capacidades psíquicas.

Eleven consegue atrair sorte e superar obstáculos por meio de sua determinação, espelhando a maneira como a noz-moscada traz sorte e abundância. Assim como a noz-moscada desperta dons psíquicos e aumenta a autoconfiança, Eleven recorre a seus poderes mentais para proteger os amigos e desvendar mistérios.

A capacidade de manter a concentração e fortalecer laços de amizade, especialmente com Mike e o restante do grupo, são marcantes em Eleven e ressoam com a energia da noz-moscada, que promove fidelidade e lealdade. Eleven também demonstra uma habilidade inata de potencializar sua presença e magnetismo pessoal, refletindo a maneira como a noz-moscada aumenta o poder de manifestação e atrai o sucesso.

A presença inspiradora e determinada de Eleven faz dela a representação ideal das qualidades energéticas e vibrantes desse vegetal.

Ora-pro-nóbis

Nome científico: *Pereskia aculeata*
Família: Cactaceae
Origem: Continente Americano
Astro: Saturno
Elemento: Terra
Gênero: Feminino (Yin)
Caráter energético: Desconhecido
Chacra: Cardíaco
Pedra: Hematita
Cor: Amarelo-Claro
Orixá: Obaluaiê
Servidor: A Mãe
Estação: Inverno
Lua: Nova
Tarô: A Morte
Signo: Escorpião

Restrições e precauções

O consumo do ora-pro-nóbis deve ser evitado por pessoas com alergia a essa planta. Além disso, ela pode interagir com alguns medicamentos, incluindo anticoagulantes, hipoglicemiantes e remédios para pressão arterial.

Sobre o ora-pro-nóbis

O ora-pro-nóbis carrega a energia da transformação e do renascimento. Essa é uma planta de introspecção e cura, especialmente ligada ao chacra cardíaco. Sua energia é uma aliada poderosa na busca pelo equilíbrio emocional e na conexão com o divino feminino. Utilizada em rituais de cura e proteção, ela serve como um portal para o entendimento dos mistérios da vida e da morte.

Energia sutil: O ora-pro-nóbis atua profundamente no campo emocional, liberando traumas antigos e curando feridas da alma, permitindo que o amor e a compaixão floresçam. Ele equilibra as emoções e promove uma sensação de paz. Ajuda a desapegar do que não serve mais e a abraçar novas possibilidades.

Olhar por Edu Parmeggiani: O ora-pro-nóbis é uma planta com múltiplas facetas mágickas. Sua energia pode ser canalizada em rituais de cura, especialmente aqueles que visam à recuperação emocional. Ele é particularmente eficaz em magias que buscam a superação de traumas e o fortalecimento da autoestima.

Além disso, é um aliado poderoso em rituais de purificação e proteção, especialmente contra doenças e energias nocivas. Em um segundo olhar, essa planta pode ser usada em trabalhos que envolvem a morte e o renascimento, tanto no sentido literal quanto no metafórico. É uma ferramenta poderosa para rituais de transformação e renovação, podendo ser empregada em feitiços que buscam encerrar ciclos e iniciar novas fases, ou até em trabalhos que visam à comunicação com o mundo espiritual.

Essa planta me lembra de Buffy Summers, da série *Buffy, a caça-vampiros*. Buffy, com sua capacidade de transformação e renascimento, personifica a energia do ora-pro-nóbis. Sua presença forte e sua habilidade de curar feridas emocionais e físicas refletem a essência desse vegetal, que é utilizado para a cura e a introspecção.

Buffy, que é capaz de superar traumas e de proteger os outros, se comporta como o ora-pro-nóbis, que equilibra as emoções e promove a paz interior. Assim como essa planta ajuda a liberar traumas antigos e a abraçar novas possibilidades, Buffy usa sua força e resiliência para enfrentar desafios sobrenaturais e proteger sua comunidade.

Sua capacidade de manter a calma e encontrar o equilíbrio em meio ao caos ressoa com a energia do ora-pro-nóbis, que promove o desapego do que não serve mais e a aceitação de novas fases. Buffy também demonstra uma habilidade inata de transformar e renovar, refletindo a capacidade dessa planta de atuar em rituais de transformação e renascimento. A presença inspiradora e protetora faz dessa personagem uma representação ideal das qualidades energéticas e vibrantes do ora-pro-nóbis.

Orégano

Nome científico: *Origanum vulgare*
Família: Lamiaceae
Origem: Mediterrâneo
Astro: Vênus
Elemento: Ar
Gênero: Feminino (Yin)
Caráter energético: Físico
Chacra: Cardíaco
Pedra: Rosa do Deserto
Cor: Rosa-Claro
Orixá: Oxalá
Servidor: O Planeta
Estação: Primavera
Lua: Crescente
Tarô: Roda da Fortuna
Signo: Sagitário

Restrições e precauções

Não há registros da ocorrência de efeitos adversos ou tóxicos causados pelo orégano. Então, pode usá-lo sem preocupações!

Sobre o orégano

A energia do orégano está ligada a felicidade, amor, desejo, alegria, relacionamento e sorte. Ele é excelente para atrair felicidade e alegria para sua vida e ambientes, contagiando todos ao redor.

Energia sutil: O orégano ajuda a construir projetos concretos e de longo prazo, a criar raízes, a melhorar a comunicação e a se estabelecer em um novo lugar. Ele fortalece o cumprimento da nossa palavra e das nossas promessas.

Olhar por Edu Parmeggiani: O orégano pode ser usado de muitas formas na magia, especialmente em rituais que visam alcançar a felicidade e a paz. Tudo fica mais leve e feliz com uma dose da sua energia. Ele também pode auxiliar na felicidade dos relacionamentos e ajuda as pessoas a encontrar alegria em si mesmas.

Você também pode usar o orégano para aumentar sua sorte e mover as probabilidades a seu favor. É como a Mabel Pines, da série *Gravity Falls*. Mabel tem uma energia vibrante e proporciona felicidade e alegria para todos ao redor, personificando com perfeição a energia do orégano. Sua presença contagiante e a habilidade de encontrar alegria e felicidade em si mesma refletem a essência dessa erva, que é utilizada para atrair felicidade e estabelecer raízes.

Com sua visão otimista e entusiasmo pela vida, Mabel ilustra a maneira como o orégano fortalece a comunicação e o cumprimento de promessas. Assim como o orégano ajuda a construir projetos concretos e de longo prazo, esse personagem recorre à sua determinação e positividade para transformar seu mundo. Sua capacidade de manter a alegria e fortalecer relacionamentos ressoa com a energia dessa erva, que promove a felicidade e a paz em todos os aspectos da vida.

Mabel também demonstra uma habilidade inata de trazer sorte e mover as probabilidades a seu favor, refletindo a maneira como o orégano aumenta a sorte e a alegria. Sua presença inspiradora e otimista faz dela a representação ideal das qualidades energéticas e vibrantes dessa erva.

Papoula

Nome científico: *Papaver rhoeas*
Família: Papaveraceae
Origem: Ásia
Astro: Lua
Elemento: Água
Gênero: Feminino (Yin)
Caráter energético: Desconhecido
Chacra: Sacral
Pedra: Morganita
Cor: Cinza
Orixá: Xangô, Nanã
Servidor: Os Enamorados
Estação: Outono
Lua: Minguante
Tarô: A Lua
Signo: Câncer

Restrições e precauções

A papoula é tóxica, exceto pelas sementes maduras. No Brasil, seu cultivo é proibido. Portanto, use com extremo cuidado!

Sobre a papoula

A energia da papoula é frequentemente invocada em rituais de sonhos, meditação e para facilitar viagens astrais. Ela serve como um portal para o subconsciente, permitindo um mergulho profundo nas águas emocionais e intuitivas do ser.

Energia sutil: A papoula atua como um bálsamo para a alma, acalmando a mente e aliviando tensões emocionais. Ela ajuda a liberar bloqueios energéticos, especialmente aqueles relacionados à criatividade e à expressão emocional. É uma aliada para quem busca a cura emocional, oferecendo um espaço seguro para explorar traumas e feridas antigas.

Olhar por Edu Parmeggiani: A papoula pode estar presente tanto em rituais de cura emocional como em práticas de adivinhação e sonhos lúcidos. Ela é especialmente útil em magias que envolvem o despertar da intuição e o desenvolvimento de habilidades psíquicas. Pode ser usada em banhos, defumações ou como ingrediente em poções e elixires, sempre com o devido cuidado em virtude de sua toxicidade.

Além disso, a papoula tem uma ligação forte com o mundo espiritual, o que a torna ideal para rituais de comunicação com o além. Sua energia pode ser canalizada para criar um ambiente propício para a meditação profunda, viagens astrais e até para o contato com entidades espirituais.

E aqui entra um personagem que adoro: Morfeu, Sandman ou Sonho, dos quadrinhos e da série *Sandman*. Com seu domínio sobre os sonhos e a mente subconsciente, Sandman personifica a energia da papoula. Sua capacidade de navegar pelas profundezas do subconsciente e trazer à tona os sonhos mais profundos reflete a essência dessa planta, que é usada para explorar e desbloquear o mundo dos sonhos e das emoções.

Sandman, como o Senhor dos Sonhos, ilustra a capacidade da papoula de facilitar viagens astrais e a meditação profunda. Assim como esse vegetal atua como um bálsamo para a alma, aliviando tensões emocionais e ajudando a liberar bloqueios energéticos, Sandman guia as almas através dos reinos dos sonhos, oferecendo cura emocional e um espaço seguro para explorar traumas e feridas antigas.

A presença e as habilidades de Sandman ressoam com a energia da papoula, que promove a calma e a introspecção. Sandman também demonstra uma conexão poderosa com o mundo espiritual, refletindo a capacidade dessa planta de facilitar a comunicação com o além e o desenvolvimento de habilidades psíquicas. Sua função de guardião dos sonhos e das emoções ocultas faz dele uma representação ideal das qualidades místicas e curativas da papoula.

Parreira

Nome científico: *Vitis vinifera*
Família: Vitaceae
Origem: Mediterrâneo
Astro: Lua
Elemento: Água
Gênero: Feminino (Yin)
Caráter energético: Desconhecido
Chacra: Sacral
Pedra: Ametista
Cor: Laranja
Orixá: Iansã, Oxum
Servidor: A Afortunada
Estação: Outono
Lua: Minguante
Tarô: Mundo
Signo: Capricórnio

Restrições e precauções

Não há registros de efeitos adversos ou tóxicos conhecidos associados à parreira. Então, pode usá-la sem preocupações!

Sobre a parreira

A energia da parreira e de seus frutos está ligada à abundância, à caridade, ao crescimento, ao dinheiro, à prosperidade e à transformação. Ela é muito usada em magias para atrair ganhos financeiros.

Energia sutil: A parreira afasta sentimentos de desmerecimento e prepara o coração para receber as dádivas da vida. Ela atrai boas notícias e amizades, incentivando o companheirismo e a harmonia.

Olhar por Edu Parmeggiani: A energia de prosperidade das parreiras e uvas é extremamente forte. Elas podem ser usadas para atrair novos ganhos materiais, ter ideias lucrativas e remover barreiras que impedem a evolução da vida financeira. Além disso, sua energia de transformação é poderosa, permitindo mudanças de cenários e situações.

A parreira estimula o coração a ser mais alegre e doador, pronto a perdoar e compartilhar. E aqui me lembro de Alvo Dumbledore, o venerado diretor de Hogwarts, da série *Harry Potter*. Ele é a personificação da prosperidade e da transformação. Dumbledore é um mentor generoso, sempre disposto a oferecer sabedoria, apoio e recursos para seus alunos e aliados. Ele cria um ambiente de abundância e harmonia na escola, promovendo o crescimento e a união entre todos.

Dumbledore afasta sentimentos de desmerecimento e prepara o coração de seus alunos para receber as dádivas da vida, inspirando-os a acreditar em si mesmos e em suas capacidades. Sua habilidade de atrair boas notícias e formar amizades verdadeiras reflete a energia da parreira, que incentiva o companheirismo e a harmonia.

A transformação é uma característica marcante de Dumbledore. Ele, constantemente, busca mudar cenários e situações, guiando os demais em momentos de crise. Sua presença é um farol de esperança e crescimento, mostrando que a verdadeira força vem do amor e da vontade de fazer o bem.

Assim como a parreira, Dumbledore inspira alegria, generosidade e transformação, tornando-se uma figura essencial para a prosperidade e evolução de todos que o cercam.

Patchouli

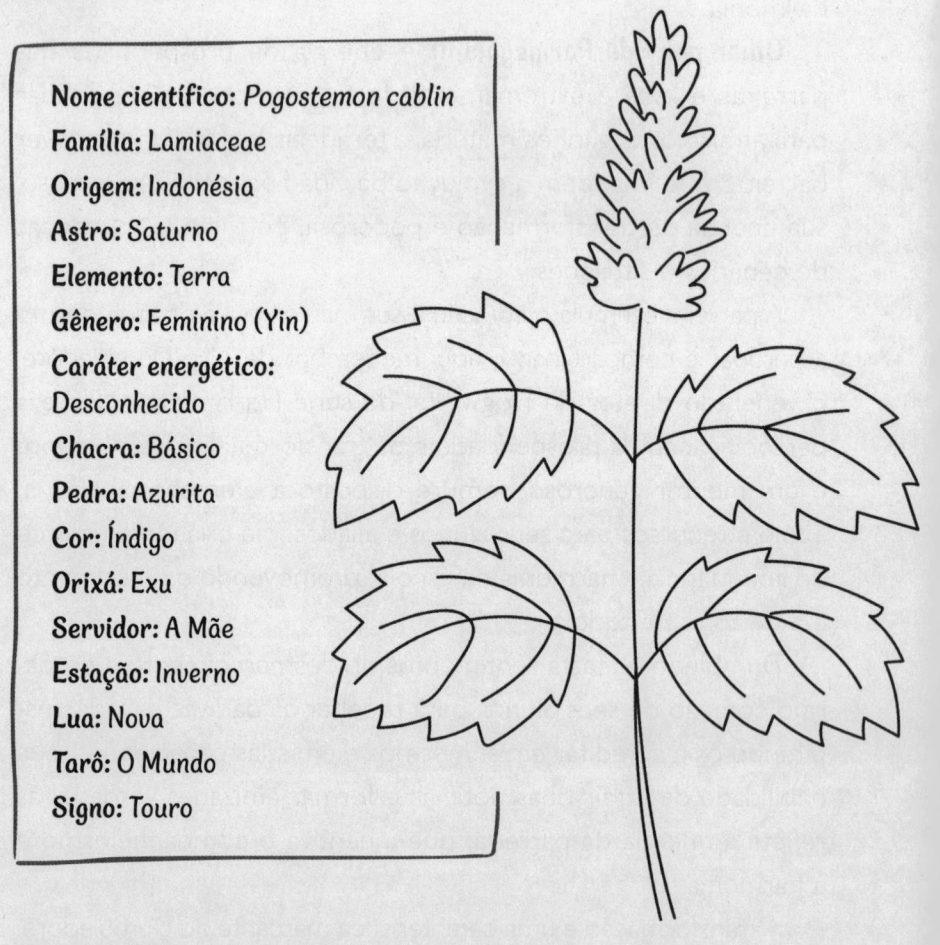

Nome científico: *Pogostemon cablin*
Família: *Lamiaceae*
Origem: *Indonésia*
Astro: *Saturno*
Elemento: *Terra*
Gênero: *Feminino (Yin)*
Caráter energético: *Desconhecido*
Chacra: *Básico*
Pedra: *Azurita*
Cor: *Índigo*
Orixá: *Exu*
Servidor: *A Mãe*
Estação: *Inverno*
Lua: *Nova*
Tarô: *O Mundo*
Signo: *Touro*

Restrições e precauções

O patchouli não é recomendado para gestantes e lactantes.

Sobre o patchouli

A energia do patchouli está associada à conexão com a terra, um convite à introspecção e à transformação. Ele é muito usado em rituais de aterramento, atração de prosperidade e para fortalecer a intuição.

Energia sutil: O patchouli ajuda a ancorar pensamentos dispersos e a trazer foco para o momento presente. Ele tem o poder de desbloquear energias estagnadas, especialmente aquelas relacionadas a questões financeiras ou à autoestima.

Olhar por Edu Parmeggiani: O patchouli tem um efeito notável em rituais de prosperidade, especialmente quando combinado com outras ervas. Pode ser empregado em sachês, óleos ou incensos para atrair abundância e estabilidade financeira. O poder de aterramento faz dele uma excelente escolha para rituais que buscam equilíbrio emocional e clareza mental.

O patchouli pode ser incorporado a práticas espirituais que visam à transformação pessoal. É útil em trabalhos que envolvem questões de segurança, pertencimento e identidade. Seu aroma e energia são especialmente potentes em rituais realizados durante a Lua Nova, um período propício para novos começos e definições de intenções.

O patchouli me lembra Groot, da franquia *Guardiões da galáxia*, da Marvel. Groot, a adorável criatura em forma de árvore, é a personificação do patchouli. Sua conexão profunda com a terra reflete a energia de aterramento dessa planta, sempre trazendo uma sensação de calma e estabilidade para seus companheiros. Com suas raízes firmemente plantadas no solo, esse personagem representa a força e a resiliência do patchouli em rituais de prosperidade e equilíbrio emocional.

Além disso, Groot mostra uma incrível habilidade de regeneração e transformação, alinhando-se perfeitamente com a energia do patchouli, que desbloqueia energias estagnadas e promove novos começos. Sua presença é um convite constante à introspecção e à conexão com a essência mais profunda de si mesmo, fortalecendo a intuição e proporcionando clareza mental.

Groot tem um coração puro e grande capacidade de se sacrificar pelo bem maior, sendo, por isso, um símbolo de pertencimento e identidade; com ele, os amigos se sentem seguros e protegidos. Assim como o patchouli, esse personagem é um aliado poderoso em momentos de transformação e crescimento, trazendo a energia da terra e da abundância para qualquer situação.

Pimenta-do-reino

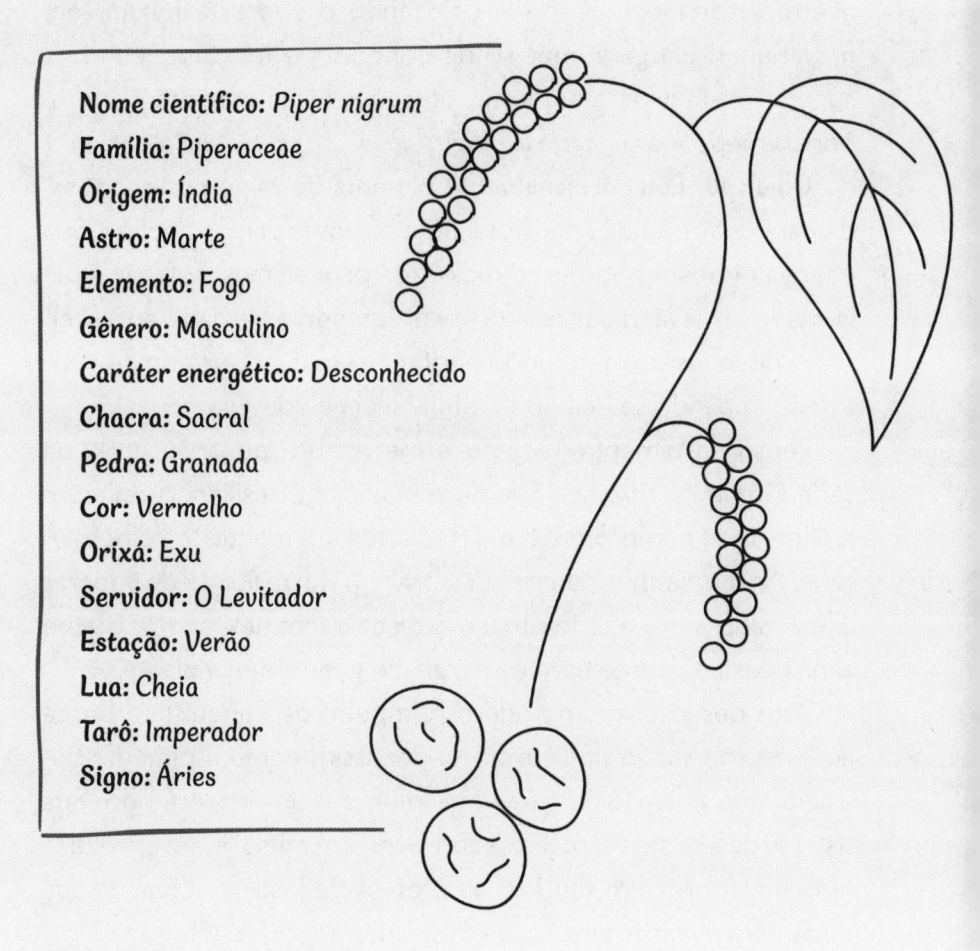

Nome científico: *Piper nigrum*
Família: Piperaceae
Origem: Índia
Astro: Marte
Elemento: Fogo
Gênero: Masculino
Caráter energético: Desconhecido
Chacra: Sacral
Pedra: Granada
Cor: Vermelho
Orixá: Exu
Servidor: O Levitador
Estação: Verão
Lua: Cheia
Tarô: Imperador
Signo: Áries

Restrições e precauções

A pimenta-do-reino deve ser evitada por pessoas com problemas gástricos, como gastrite, úlceras, diverticulite e hérnia de hiato.

Sobre a pimenta-do-reino

Essa planta tem em sua magia a energia do compromisso, da resistência, da justiça, da motivação, da força e da segurança. Ela é excelente quando empregada em magias com a intenção de resolver situações.

Energia sutil: A pimenta-do-reino está ligada à energia da guerra, trazendo potência e colocando o que está parado em movimento. Ela gera impulso de conquista e busca, ajudando a superar obstáculos, a enfrentar situações difíceis e a mandar embora o medo e a vontade de fugir.

Olhar por Edu Parmeggiani: A pimenta-do-reino pode ser usada para criar escudos de proteção e remover cargas nocivas. Sua energia também pode ser direcionada para eliminar fofocas e palavras falsas levantadas contra você, fazendo a verdade aparecer. Além disso, essa planta pode afastar pessoas nocivas do seu entorno, limpando seu campo de influência e convívio.

Penso na pimenta-do-reino e me lembro de Arya Stark, da série *Game of Thrones*. Sua determinação e resiliência refletem a energia de compromisso e a força que a pimenta-do-reino oferece. Arya é conhecida por sua coragem e habilidade de superar obstáculos, enfrentando situações difíceis sem hesitar, por isso se alinha perfeitamente com a energia de guerra dessa planta.

Arya desenvolve um poderoso impulso de conquista e busca ao longo de sua jornada, mostrando, assim como a pimenta-do-reino, que é capaz de gerar movimento e de tirar o medo. Sua habilidade de se adaptar e sobreviver em meio a adversidades também a torna um símbolo de proteção e justiça, utilizando sua força para eliminar ameaças e falsidades ao seu redor.

Arya é uma figura que remove cargas maléficas e afasta pessoas mal-intencionadas, limpando seu próprio caminho para a verdade e a justiça. Assim como a pimenta-do-reino, ela cria um escudo protetor e enfrenta qualquer desafio com determinação e coragem.

Pinheiro

Nome científico: *Pinus sp.*
Família: Pinaceae
Origem: Hemisfério Norte
Astro: Júpiter
Elemento: Terra
Gênero: Masculino (Yang)
Caráter energético: Desconhecido
Chacra: Sacro
Pedra: Lepidolita
Cor: Azul-Esverdeado
Orixá: Oxóssi
Servidor: O Explorador
Estação: Inverno
Lua: Nova
Tarô: A Roda da Fortuna
Signo: Capricórnio

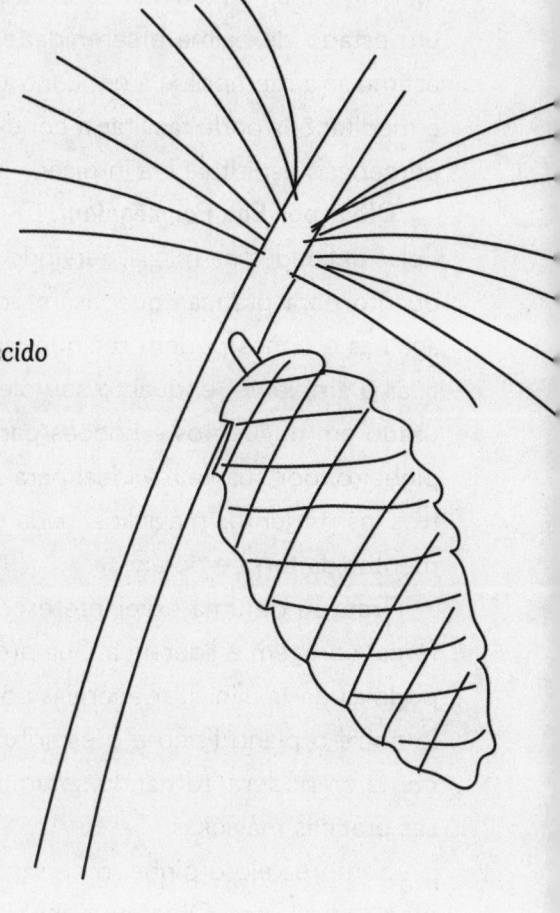

Restrições e precauções

O pinheiro não deve ser consumido por gestantes, lactantes ou crianças menores de 6 anos. Algumas plantas do grupo Pinus podem ser tóxicas, então, use com cuidado!

Sobre o pinheiro

O pinheiro simboliza a imortalidade e a eternidade, além de representar a felicidade conjugal e a fertilidade. Sua energia é uma fonte de proteção, alegria e longevidade, e suas propriedades mágickas são extremamente variadas.

Energia sutil: O pinheiro traz equilíbrio emocional e clareza mental. Ele ajuda a aliviar o estresse e a ansiedade, promovendo um estado de calma e serenidade. Essa planta tem o poder de estimular a memória e a concentração, e sua presença em rituais e meditações pode facilitar a conexão com o divino, ampliando a percepção espiritual e a intuição.

Olhar por Edu Parmeggiani: O pinheiro é uma árvore de múltiplas utilidades na magia, servindo tanto para rituais de proteção quanto para práticas que visam ao crescimento espiritual. Suas agulhas e cones podem ser queimados como incenso para purificar o ambiente, enquanto seu óleo essencial é frequentemente usado em unguentos e poções para fins curativos. A madeira do pinheiro, por sua vez, é ideal para a confecção de varinhas e outros instrumentos mágickos, dada sua forte conexão com os elementos da terra e do ar.

Trata-se de uma excelente escolha para rituais que envolvem força, coragem e liderança. Sua presença em cerimônias e rituais pode ajudar a canalizar energias poderosas, fortalecendo o vínculo entre o plano físico e o espiritual. O pinheiro não só protege como empodera, tornando-se um pilar de sustentação em diversas práticas mágickas.

Sempre vejo o pinheiro na saga *Star Wars* na pessoa do icônico Jedi Mestre, Obi-Wan Kenobi. Sua sabedoria e presença calma refletem a energia de equilíbrio emocional e clareza mental dessa árvore. Obi-Wan é uma fonte de proteção e orientação, sempre pronto para liderar e defender aqueles que estão sob sua tutela, assim como o pinheiro oferece proteção e longevidade.

Além disso, Obi-Wan representa a imortalidade e a eternidade por meio de sua conexão contínua com a Força, mesmo após a morte. Sua capacidade de estar em contato com o divino e de ampliar a percepção espiritual se alinha perfeitamente com o papel do pinheiro em rituais e meditações.

Obi-Wan esbanja força, coragem e liderança, características que o pinheiro ajuda a canalizar em cerimônias e rituais. Seu papel como mentor e guia espiritual faz desse personagem uma figura empoderadora, similar à energia do pinheiro, que fortalece o vínculo entre o plano físico e o espiritual.

Obi-Wan Kenobi é um pilar de força, proteção e crescimento espiritual, tornando-o uma representação ideal dessa árvore majestosa e poderosa.

Rosa

Nome científico: Rosa x grandiflora hort
Família: Rosaceae
Origem: Ásia
Astro: Vênus
Elemento: Água
Gênero: Feminino (Yin)
Caráter energético: Desconhecido
Chacra: Cardíaco
Pedra: Rosa do Deserto
Cor: Vermelho
Orixá: Orixás femininas que variam dependendo da cor da rosa
Servidor: A Mãe, A Carnal
Estação: Outono
Lua: Minguante
Tarô: Imperatriz
Signo: Touro

Restrições e precauções

O consumo da rosa não oferece risco de sobredosagem, mas é importante ter atenção ao seu alto poder calmante. Em excesso, pode causar letargia e sono prolongado. Para crianças, é aconselhável usar os chás diluídos.

Sobre a rosa

A energia da rosa está ligada a afeto, atração, compaixão, amor, sorte, poder, sabedoria e cura. Seu uso mais comum está relacionado ao amor, mas suas múltiplas cores podem ser empregadas para diversos fins.

Energia sutil: A energia das rosas cria laços mais fortes e duradouros, auxiliando em reconciliações ou trazendo novas pessoas para perto de você. Essa planta prepara sua mente e seu coração para os relacionamentos, limpando com delicadeza e ativando o campo de atração pessoal.

Olhar por Edu Parmeggiani: A energia das rosas é fortemente influenciada pelo elemento água e pela energia astral da Lua. Para se aprofundar nela, é interessante conhecer a magia das cores, pois elas influenciam as frequências com que cada rosa sintoniza mais facilmente.

Por exemplo, rosas-vermelhas estão ligadas a magias de amor e do coração, rosas-brancas são usadas em magias de purificação, e rosas negras, em magias de defesa e banimento. Essas múltiplas faces me lembram Wanda Maximoff, a Feiticeira Escarlate do universo Marvel.

Com sua poderosa capacidade de manipular a realidade e suas emoções intensas, Wanda é a personificação da energia das rosas. Sua conexão profunda com o amor e o afeto reflete a essência dessa planta, especialmente nas magias de coração e atração. Assim como a rosa, essa personagem tem a capacidade de criar laços fortes e duradouros, seja com a família, os amigos ou seu grande amor, Visão.

A Feiticeira Escarlate também simboliza a compaixão e a cura, já que ela usa seus poderes para proteger e salvar aqueles que ama. Sua jornada de autodescoberta e empoderamento se alinha com a sabedoria e o poder das rosas, que também representam a atração e o crescimento pessoal.

Wanda é conhecida pelas habilidades de defesa e de banimento, utilizando sua força para enfrentar ameaças e proteger seus entes queridos. Assim como as rosas negras em magias de defesa, Wanda garante uma poderosa energia protetora, sempre pronta para lutar contra o mal.

Wanda Maximoff é multifacetada como as rosas, emanando uma energia que abrange afeto, poder, sabedoria e cura. Sua presença é um reflexo da delicadeza e força das rosas, tornando-a uma representação perfeita dessa magnífica planta.

Salgueiro

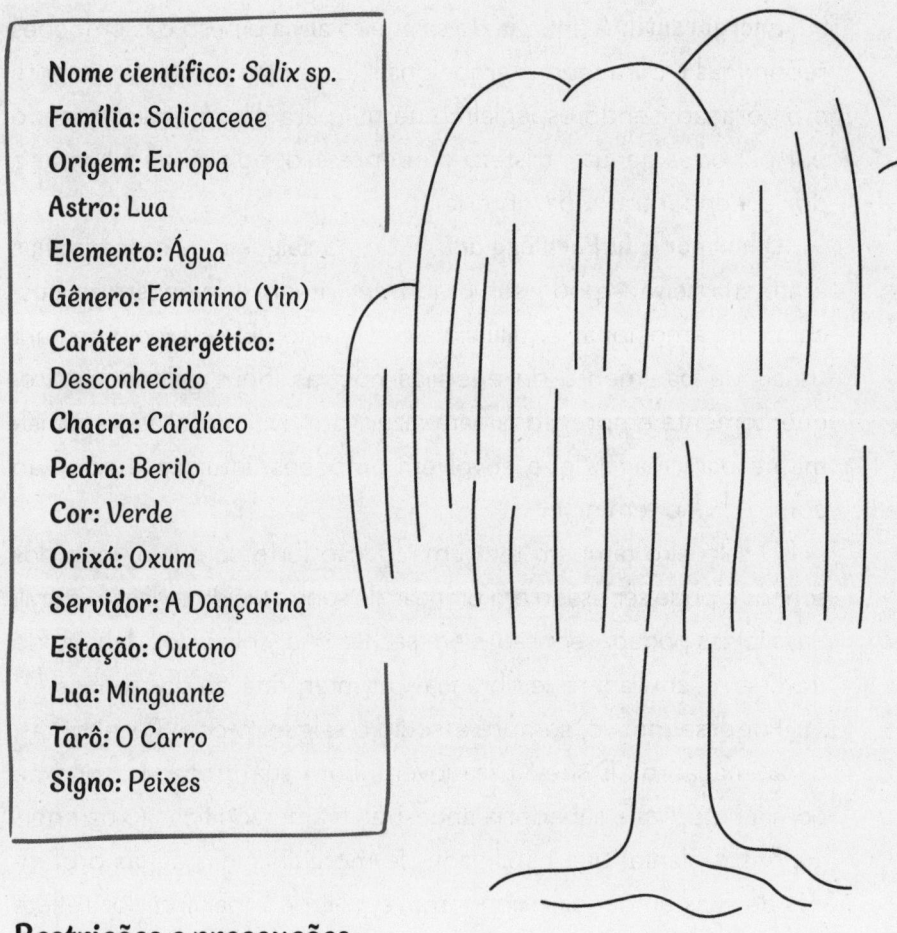

Nome científico: *Salix* sp.
Família: Salicaceae
Origem: Europa
Astro: Lua
Elemento: Água
Gênero: Feminino (Yin)
Caráter energético: Desconhecido
Chacra: Cardíaco
Pedra: Berilo
Cor: Verde
Orixá: Oxum
Servidor: A Dançarina
Estação: Outono
Lua: Minguante
Tarô: O Carro
Signo: Peixes

Restrições e precauções

O salgueiro é contraindicado para gestantes, lactantes e pessoas alérgicas à aspirina ou com problemas gastrointestinais. Ele pode interagir com medicamentos como anticoagulantes e betabloqueadores. Use com cuidado!

Sobre o salgueiro

O salgueiro tem sua energia ligada à cura, à introspecção e à sabedoria ancestral. Ele nos convida a mergulhar nas águas profundas de nossas emoções, oferecendo um espaço seguro para o autoconhecimento e para a transformação interior.

Energia sutil: A energia do salgueiro alivia o peso das emoções reprimidas e cura feridas emocionais. Essa planta acalma a mente e o coração, sendo especialmente útil para quem está passando por períodos de luto, tristeza ou depressão, pois ajuda a liberar a dor e a encontrar a paz interior.

Olhar por Edu Parmeggiani: Tudo no salgueiro – casca, folhas e até sua seiva – pode ser usado em rituais e feitiços que buscam cura emocional, equilíbrio e paz interior. Ele é excelente para rituais de banimento de energias nocivas. Seus galhos são frequentemente empregados para fazer varinhas mágickas, especialmente para magias que envolvem emoções, intuição e conexão com o divino feminino.

O salgueiro também tem uma ligação forte com o mundo dos sonhos e pode ser usado em práticas de sonho lúcido e viagem astral. Suas folhas podem ser usadas em sachês que, colocados debaixo do travesseiro, auxiliam na lembrança e na interpretação dos sonhos.

Por esse motivo, sempre associo o salgueiro com Pocahontas, da animação da Disney. Essa jovem, com sua profunda conexão com a natureza e sabedoria ancestral, é a personificação da energia dessa planta. Sua habilidade de mergulhar nas águas profundas de suas emoções e encontrar equilíbrio e paz interior reflete a essência introspectiva e curadora do salgueiro.

Pocahontas acalma a mente e o coração, ajudando aqueles ao seu redor a lidar com as próprias emoções e a encontrar serenidade. A energia do salgueiro, que alivia o peso das emoções reprimidas e cura feridas emocionais, é evidente na forma como essa personagem guia seu povo e os colonizadores a encontrar um caminho de paz e compreensão.

Pocahontas é conhecida pela capacidade de ajudar as pessoas a liberar a dor e a encontrar a harmonia interior, promovendo o entendimento e a cura. Ela tem uma ligação estreita com o mundo dos sonhos e a intuição, frequentemente recebendo visões e mensagens por intermédio da natureza. Assim como o salgueiro é usado para práticas de sonho lúcido e viagem astral, Pocahontas tem uma habilidade natural de se conectar com o espiritual e interpretar os sinais da natureza.

Pocahontas também proporciona cura, equilíbrio e sabedoria, sendo uma representação ideal dessa árvore mágicka e poderosa.

Salsinha

Nome científico: *Petroselinum crispum*
Família: Lamiaceae
Origem: Sul da Europa
Astro: Mercúrio
Elemento: Ar
Gênero: Feminino (Yin)
Caráter energético: Desconhecido
Chacra: Laríngeo
Pedra: Ágata Rendada Azul
Cor: Azul
Orixá: Oxóssi
Servidor: O Abridor de Caminhos
Estação: Primavera
Lua: Crescente
Tarô: Lua
Signo: Peixes

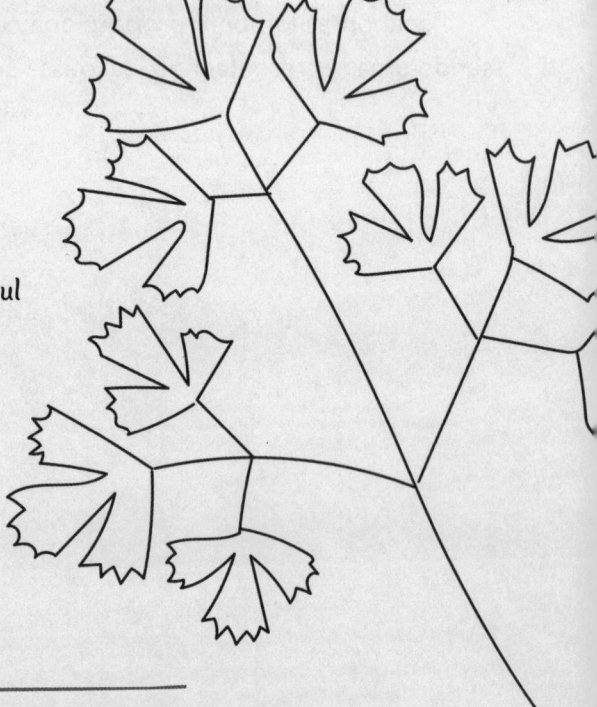

Restrições e precauções

Essa planta deve ser consumida com moderação por mulheres com ciclos menstruais intensos, por portadores de diabetes e por gestantes. O chá de salsinha, quando consumido em excesso, pode baixar a pressão arterial, causar problemas renais e provocar reações alérgicas em algumas pessoas.

Sobre a salsinha

A salsinha traz em sua energia o poder do romance, do desejo, da proteção, da sorte e da purificação. Ela é muito usada em magias para estimular o romance e o desejo, além de abrir caminhos e de atrair boa sorte.

Energia sutil: A salsinha tem uma energia reconfortante que promove a fertilidade. Ela facilita o contato espiritual e proporciona proteção. Traz entusiasmo, restaura a força e a saúde dos moradores da casa, elimina as energias nocivas do corpo e dá ânimo.

Olhar por Edu Parmeggiani: A salsinha pode ser útil para intensificar o romance, mas deve ser usada com cautela, pois pode facilmente gerar um resultado reverso. Em magias de sorte, seu aroma e cor atraem a realização de desejos. A purificação e a limpeza com salsinha são extremamente eficazes e podem ser feitas com a frequência desejada. Essa planta elimina energias nocivas que rondam nossa aura e pode expulsar larvas astrais.

Quando penso na salsinha, me lembro da protagonista do filme *O fabuloso destino de Amélie Poulain*. Amélie é a personificação da energia dessa erva. Sua natureza reconfortante e sua habilidade de trazer alegria e sorte para as pessoas ao redor refletem a essência da salsinha. Essa jovem é conhecida pela capacidade de criar conexões e de realizar pequenos milagres, alinhando-se com a qualidade da salsinha de atrair boa sorte e promover a realização de desejos.

Além disso, Amélie incorpora o romance e a proteção de maneira única. Sua jornada em busca do amor verdadeiro enquanto protege aqueles que ama é cheia de momentos de ternura e descoberta. Ela tem uma energia que elimina as negatividades e traz clareza e purificação, assim como a salsinha.

Amélie também representa a fertilidade no sentido de nutrir e cultivar relações e sonhos. Sua presença ilumina a vida de quem está ao redor, restaurando a força e a alegria de viver, o que também é semelhante ao efeito da salsinha. Amélie tem a habilidade de trazer entusiasmo e de eliminar energias nocivas, espelhando, desse modo, as qualidades purificadoras e energizantes dessa erva potente.

Amélie Poulain é uma figura de romance, proteção e boa sorte, o que a torna uma representação ideal dessa planta mágicka e versátil.

Sálvia

Nome científico: *Salvia officinalis*
Família: Lamiaceae
Origem: Egito
Astro: Júpiter
Elemento: Terra
Gênero: Feminino (Yin)
Caráter energético: Puro
Chacra: Frontal
Pedra: Sugilita
Cor: Verde
Orixá: Oxalá
Servidor: A Bibliotecária
Estação: Inverno
Lua: Nova
Tarô: Louco
Signo: Aquário

Restrições e precauções

A ingestão da sálvia é contraindicada durante a gravidez e a amamentação, para portadores de epilepsia, para quem sofre com boca e olhos secos e para cardiopatas.

Sobre a sálvia

A sálvia está ligada à sabedoria, à responsabilidade, à cura, ao amor, à gratidão, à riqueza e ao bem-estar. Ela ensina a fazer uso da sabedoria adquirida pela vivência, trazendo responsabilidade junto ao conhecimento.

Energia sutil: A sálvia promove o dom da fala, ajudando você a explicar as coisas de modo sério, correto e embasado. Ela auxilia na formulação de bons argumentos e na adaptação da linguagem de acordo com o público de maneira criativa, veloz e dinâmica.

Olhar por Edu Parmeggiani: A sálvia tem uma característica expansora, atuando na cura e na combinação de novos conhecimentos. Pode ser usada para a purificação e para preparar o encontro com mestres espirituais durante a meditação. Sua energia é útil em magias para questões judiciais, levando a boas resoluções e prezando sempre pela justiça – que nem sempre é o que mais desejamos.

Além disso, a sálvia pode ser empregada para atrair riqueza e prosperidade, curar emoções desgastadas e retirar inquietações espirituais.

E aqui entra Yubaba, a principal antagonista do filme *A viagem de Chihiro*. Yubaba é a personificação da energia da sálvia. Sua profunda sabedoria e responsabilidade no uso do conhecimento refletem a essência dessa erva. A habilidade de transmitir ensinamentos e orientações de maneira clara e inspiradora alinha Yubaba com a qualidade da sálvia de promover o dom da fala e a transmissão de conhecimento.

Além disso, Yubaba guia sua casa de banhos com compaixão e firmeza, ajudando a curar as feridas emocionais e espirituais daqueles ao seu redor. Sua presença é uma fonte de bem-estar e equilíbrio, refletindo a energia curativa e protetora dessa planta.

Yubaba também faz bom uso dos conhecimentos adquiridos e mostra responsabilidade ao aplicá-los sabiamente. Sua busca pela justiça e pelo bem-estar da comunidade demonstra a mesma energia da sálvia em promover boas resoluções e justiça. Esse personagem utiliza sua grande experiência e habilidades para atrair prosperidade e harmonia, sempre prezando pela ética e moralidade.

Yubaba é uma figura de sabedoria, cura e responsabilidade, o que a torna uma representação ideal dessa planta mágicka e poderosa.

Samambaia

Nome científico: *Phlebodium decumanum*
Família: Dennstaedtiaceae
Origem: Oceania
Astro: Júpiter
Elemento: Terra
Gênero: Masculino (Yang)
Caráter energético: Desconhecido
Chacra: Laríngeo
Pedra: Ametista
Cor: Violeta
Orixá: Obaluaiê
Servidor: O Guardião do Portal
Estação: Inverno
Lua: Minguante
Tarô: O Imperador
Signo: Sagitário

Restrições e precauções

A samambaia é contraindicada para quem tem problemas gastrointestinais e anemia.

Sobre a samambaia

A samambaia tem em si a energia de proteção, purificação, expansão e crescimento, tanto no plano físico quanto no espiritual. Sua presença é um portal para o entendimento de mistérios ocultos, servindo como um escudo contra energias nocivas.

Energia sutil: A samambaia desbloqueia o chacra laríngeo, facilitando a comunicação. Ela também ajuda a equilibrar o campo energético, removendo bloqueios e liberando cargas densas.

Olhar por Edu Parmeggiani: A samambaia pode ser usada em rituais que buscam expansão, seja ela material ou espiritual. Utilizada em feitiços de proteção e purificação, pode ser empregada em defumações para limpar ambientes de energias nocivas ou em amuletos para proteção pessoal.

Além disso, a samambaia desempenha um papel especial em rituais de cura e bem-estar. Pode ser usada em banhos mágickos para aliviar o estresse e a ansiedade. Seu poder de aterramento permite que seja usada também em magias de foco e ancoramento.

Pensando nessas características, a samambaia me lembra a Tia Dalma (ou Calypso) da saga *Piratas do Caribe*. Tia Dalma é uma poderosa sacerdotisa e deusa do mar, que representa a energia da proteção, da purificação e da conexão com o espiritual.

Essa personagem incorpora a essência da samambaia com sua capacidade de expandir e proteger. Na condição de guardiã dos segredos do mar, ela protege os navegantes contra forças malignas, criando um ambiente de mistério e magia. Sua presença é poderosa e equilibradora, facilitando a comunicação e a conexão com o espiritual, assim como a samambaia desbloqueia o chacra laríngeo.

Além disso, Tia Dalma tem um entendimento profundo dos mistérios ocultos e um vínculo estreito com o mundo espiritual, refletindo o papel da samambaia como um portal para o entendimento de mistérios ocultos. Sua sabedoria e poder são utilizados para guiar e proteger, exatamente como essa planta é usada em rituais de proteção e purificação.

Sândalo

Nome científico: *Santalum album*
Família: Santalaceae
Origem: Índia
Astro: Mercúrio
Elemento: Fogo
Gênero: Feminino (Yin)
Caráter energético: Desconhecido
Chacra: Sacral
Pedra: Topázio
Cor: Amarelo
Orixá: Oxóssi
Servidor: O Monge
Estação: Verão
Lua: Cheia
Tarô: Os Enamorados
Signo: Leão

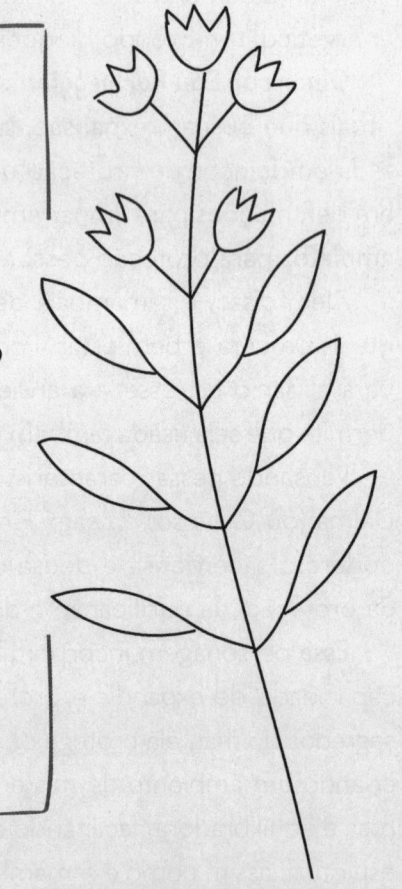

Restrições e precauções

Não há registros de efeitos adversos ou tóxicos relacionados ao sândalo.

Sobre o sândalo

O sândalo está associado à purificação e à harmonização de ambientes, tanto físicos quanto espirituais. Seu aroma acalma a mente, amplia a intuição e a criatividade. Ele é usado para alcançar estados mais elevados de consciência e espiritualidade.

Energia sutil: A energia do sândalo estimula a criatividade e a paixão pela vida. Ele tem o poder de acalmar a mente turbulenta, permitindo que a pessoa atinja um estado de clareza emocional. O sândalo nos torna mais receptivos às mensagens do universo e equilibra as emoções.

Olhar por Edu Parmeggiani: O sândalo vai além da purificação e harmonização. Sua madeira e óleo essencial podem ser usados em rituais para atrair prosperidade e sucesso nos negócios. É uma planta que favorece a comunicação e o entendimento, o que a torna ideal para rituais que envolvem parcerias, acordos e relações interpessoais.

Além disso, é uma excelente escolha para práticas de meditação e autoconhecimento. Seu aroma ajuda a aprofundar estados meditativos, facilitando o contato com o eu superior e com entidades espirituais. Pode ser empregado na forma de incenso, óleo ou mesmo a madeira pura, para criar um ambiente propício para o desenvolvimento espiritual e a elevação da consciência.

O sândalo me faz lembrar de um personagem que exala serenidade, sabedoria e uma profunda conexão espiritual: Iroh, do universo *Avatar: a lenda de Aang*.

O Tio Iroh é um mestre do chá e ex-general do Reino do Fogo, conhecido pela sabedoria, calma e profundo conhecimento espiritual. Ele simboliza a essência do sândalo com sua habilidade de purificar e harmonizar o ambiente ao redor, acalmando as mentes turbulentas e facilitando a clareza emocional.

Assim como o sândalo, Iroh é capaz de estabelecer conexões espirituais profundas e usa sua sabedoria para alcançar estados elevados de consciência e espiritualidade. Ele guia seu sobrinho, Zuko, por meio de ensinamentos profundos, ajudando-o a encontrar seu verdadeiro caminho e a se reconectar com seu eu interior.

Além disso, a experiência e a capacidade de comunicação e entendimento de Iroh favorecem a construção de parcerias e acordos, assim como o sândalo é usado para harmonizar relações interpessoais e atrair prosperidade. Seu papel como mentor espiritual reflete a energia do sândalo, que é ideal para práticas de meditação e desenvolvimento espiritual.

Tomilho

Nome científico: *Thymus vulgaris*
Família: Lamiaceae
Origem: Mediterrâneo
Astro: Vênus
Elemento: Ar
Gênero: Feminino (Yin)
Caráter energético: Puro
Chacra: Cardíaco
Pedra: Lápis-Lazúli
Cor: Azul-Claro
Orixá: Oxóssi
Servidor: O Reparador
Estação: Primavera
Lua: Crescente
Tarô: Hierofante
Signo: Touro

Restrições e precauções

O consumo de tomilho não é recomendado para gestantes e lactantes. Pessoas que sofrem de insuficiência cardíaca, gastrite, úlceras ou irritação da mucosa gástrica devem usar o chá mais diluído, observando sempre suas reações individuais.

Sobre o tomilho

A energia do tomilho está ligada ao vigor, à força, à coragem, à autoridade e à certeza. É uma planta poderosa para magias que buscam mais garra para lutar pelo que se quer e mais força para atingir objetivos.

Energia sutil: O tomilho auxilia na elaboração de metas e objetivos de vida. Ele melhora a comunicação no trabalho em equipe e aumenta o entendimento entre as partes. Além disso, estimula a glândula tireoide, ajudando você a saborear os alimentos com um paladar mais perceptivo.

Olhar por Edu Parmeggiani: O tomilho pode ser usado quando se necessita de uma dose extra de ousadia e coragem. Ele também ativa a força interior para superar perdas difíceis, como o luto, e pode facilitar o contato com os ancestrais.

O tomilho é igualmente útil em magias de prosperidade e para intermediar o contato com seres encantados. Sua energia ativa nossa autoestima e nos torna mais atraentes devido à confiança restabelecida.

Pensando nessas características, o tomilho me faz lembrar de um personagem que exala coragem, força e liderança: Jon Snow, da série *Game of Thrones*.

Também conhecido como o Rei do Norte, esse personagem simboliza a essência do tomilho com sua habilidade de inspirar coragem e força nos outros, enfrentando desafios aparentemente insuperáveis com determinação e autoridade. Assim como o tomilho, Jon tem uma energia vigorosa e uma presença marcante, que melhora a comunicação e o entendimento entre as partes.

Ele é um líder nato, guiando seus seguidores com clareza e visão estratégica, sempre focado em seus objetivos de vida e seu dever de proteger a humanidade contra ameaças. Além disso, Jon é um símbolo de prosperidade e conexão com seus ancestrais, refletindo o papel do tomilho em magias de prosperidade e na facilitação do contato com seres encantados.

A jornada de Jon Snow é marcada por uma autoestima inabalável e pela confiança, que o torna extremamente atraente e carismático.

Trevo

Nome científico: *Trifolium*
Família: Fabaceae
Origem: Hemisfério Norte
Astro: Mercúrio
Elemento: Ar
Gênero: Masculino (Yang)
Caráter energético: Desconhecido
Chacra: Frontal
Pedra: Jaspe
Cor: Verde
Orixá: Oxalá
Servidor: A Ideia
Estação: Primavera
Lua: Crescente
Tarô: A Imperatriz
Signo: Gêmeos

Restrições e precauções

O trevo envolve diferentes restrições, dependendo do seu tipo. O trevo-vermelho pode diluir o sangue e só deve ser utilizado sob supervisão médica. Já o trevo-branco é tóxico e não é recomendado para consumo.

Sobre o trevo

O trevo tem a energia frequentemente associada à sorte e à prosperidade, mas sua magia vai muito além disso. Trata-se de uma planta de comunicação, inteligência e adaptabilidade, servindo como um elo entre o mundo físico e o espiritual e facilitando a transferência de energias e intenções.

Energia sutil: O trevo ajuda a equilibrar o fluxo de pensamentos, facilitando a concentração e a meditação. Além disso, sua energia auxilia na liberação de bloqueios emocionais, permitindo que você se sinta mais leve e em paz consigo mesmo. Ele alinha nossas intenções com as energias do universo, tornando mais fluida a manifestação de nossos desejos e objetivos.

Olhar por Edu Parmeggiani: O trevo é versátil e pode ser incorporado a diversas práticas. Seu uso em feitiços de prosperidade é bastante conhecido, mas ele também pode ser um poderoso aliado em rituais de proteção e purificação. Quando utilizado em sachês ou amuletos, o trevo atua como um ímã para boas energias, podendo ser carregado no bolso ou colocado em locais estratégicos da casa ou do escritório.

Além disso, o trevo tem um papel especial em magias que envolvem a comunicação e o entendimento. Se você está buscando clareza em uma situação confusa ou quer melhorar suas habilidades de comunicação, um ritual com essa planta pode ser extremamente eficaz. Ele pode ser usado em práticas de divinação, por exemplo, no lançamento de runas ou na leitura de tarô, para ampliar a intuição e a percepção espiritual.

Um personagem que expressa inteligência, sorte e adaptabilidade é Newt Scamander, da série *Animais fantásticos e onde habitam*. Newt, o magizoologista, simboliza a essência do trevo com sua habilidade de se comunicar e se conectar tanto com o mundo físico quanto com o espiritual. A inteligência e a adaptabilidade ficam evidentes em suas aventuras enquanto ele protege e cuida de criaturas mágickas, muitas vezes em situações imprevisíveis e desafiadoras.

Assim como o trevo, Newt emana uma energia que facilita a transferência de energias e intenções. Ele é mestre em equilibrar o fluxo de pensamentos, tornando mais fácil a concentração e a meditação, especialmente quando está lidando com as criaturas que ama. Sua habilidade de liberar bloqueios emocionais e de encontrar paz interior reflete o poder sutil do trevo.

Além disso, Newt simboliza a sorte e a prosperidade. Sua presença atrai boas energias, de maneira semelhante à atuação dessa planta quando utilizado em amuletos ou feitiços. A jornada desse personagem é marcada pela clareza e por habilidades de comunicação excepcionais, sendo um exemplo perfeito da maneira como o trevo pode ser um poderoso aliado em rituais de proteção, purificação e comunicação.

Trigo

Nome científico: *Triticum L.*
Família: Poaceae
Origem: Oriente Médio
Astro: Sol
Elemento: Fogo
Gênero: Masculino (Yang)
Caráter energético: Desconhecido
Chacra: Plexo Solar
Pedra: Calcita Laranja
Cor: Dourado
Orixá: Obaluaiê
Servidor: A Afortunada
Estação: Verão
Lua: Cheia
Tarô: A Força
Signo: Áries

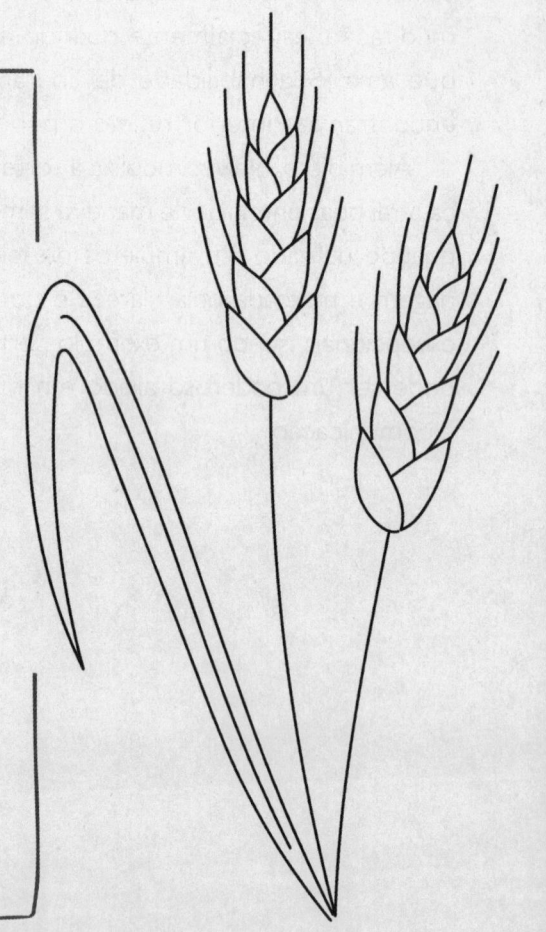

Restrições e precauções

O consumo de trigo deve ser evitado por pessoas que têm alergia ou intolerância ao glúten. Fique atento!

Sobre o trigo

O trigo é um grão associado à abundância, à prosperidade e ao ciclo da vida e morte. Esse símbolo de força vital e energia é utilizado em rituais de colheita e oferendas, servindo como um elo entre o mundo físico e o espiritual e canalizando as bênçãos dos deuses para a Terra.

Energia sutil: O trigo atua diretamente no plexo solar, o centro de nossa força vital e autoestima. Ele ajuda a equilibrar as emoções, especialmente aquelas relacionadas à sensação de falta ou escassez. Aumenta a autoconfiança e a sensação de plenitude emocional.

Olhar por Edu Parmeggiani: O trigo é versátil, podendo ser usado tanto em rituais de prosperidade quanto em feitiços de proteção. Ao ser oferecido aos deuses ou espíritos, representa a gratidão e a abundância, atraindo mais coisas boas para sua vida.

Em um nível mais profundo, o trigo pode ser incorporado a práticas de alquimia espiritual. Assim como o grão deve morrer para dar vida ao novo, você pode usar o trigo em rituais que simbolizam o fim de um ciclo e o começo de um novo. Esse processo é especialmente poderoso durante a Lua Cheia, quando as energias estão em seu pico. O trigo também pode ser usado em poções e encantamentos que visam fortalecer o corpo e a alma.

Força vital, prosperidade e capacidade de renascimento. Essas características te lembram quem? Vou mencionar Katniss Everdeen, da série *Jogos vorazes*. Katniss simboliza a essência do trigo com sua conexão com a abundância e o ciclo de vida e morte. Assim como o trigo é um símbolo de força vital e energia, essa personagem representa a continuidade da vida e a luta pela sobrevivência em meio a adversidades.

O trigo atua no plexo solar, equilibrando emoções e aumentando a autoconfiança, enquanto Katniss passa por uma jornada de autodescoberta e crescimento emocional. Ela aprende a superar a sensação de falta e escassez, encontrando sua verdadeira força e plenitude emocional enquanto luta pela liberdade de seu povo.

Além disso, Katniss é um símbolo de prosperidade e gratidão. Sua trajetória reflete a capacidade dessa planta de ser usada em rituais de prosperidade e proteção, canalizando bênçãos para quem está ao redor. A transformação de Katniss de jovem caçadora em símbolo de resistência e renascimento espelha o ciclo do trigo, que morre para dar vida ao novo, simbolizando os ciclos que se sucedem.

Violeta

Nome científico: *Viola odorata*
Família: Violaceae
Origem: Europa
Astro: Vênus
Elemento: Ar
Gênero: Feminino (Yin)
Caráter energético: Desconhecido
Chacra: Frontal
Pedra: Rosa do Deserto
Cor: Rosa-Claro
Orixá: Oxalá, Nanã
Servidor: O Contemplador
Estação: Primavera
Lua: Crescente
Tarô: A Estrela
Signo: Libra

Restrições e precauções

A violeta não deve ser usada por crianças nem por pessoas com problemas de pele, pois pode causar dermatite.

Sobre a violeta

A violeta tem sua energia associada às frequências mais sutis. Tradicionalmente usada em rituais de amor e encantamentos de beleza, ela desempenha um papel importante em práticas de meditação e conexão com o divino.

Energia sutil: A energia da violeta atua como um bálsamo para corações feridos e mentes agitadas. Ela melhora a qualidade do sono e alivia estados de ansiedade ou depressão. É eficaz em trabalhos que envolvem o despertar da intuição e da empatia.

Olhar por Edu Parmeggiani: A violeta é comumente usada em rituais de amor e atração, nos quais suas pétalas e sua essência podem ser utilizadas para criar poções e encantamentos. Além disso, ela é excelente para harmonizar relações, seja no âmbito familiar, amoroso ou profissional. A energia suave dessa planta ajuda a dissipar tensões e a promover um ambiente de cooperação e entendimento.

Em um nível mais profundo, a violeta pode ser empregada em práticas de meditação e jornadas espirituais. Ela auxilia no desenvolvimento do chacra frontal, da intuição e das habilidades psíquicas. Seus incensos ou óleos essenciais são usados para facilitar estados alterados de consciência.

Pensando nessas características, a violeta me faz lembrar de Flora, uma das fadas da série *Winx Club*. Flora simboliza a essência da violeta com sua energia associada às frequências mais sutis. Assim como essa planta é tradicionalmente usada em rituais de amor e encantamentos de beleza, Flora irradia uma aura de gentileza e encanto, sempre promovendo a harmonia e a empatia em suas interações.

A violeta funciona como um bálsamo para corações feridos e mentes agitadas, e Flora, de maneira semelhante, tem uma presença calmante, que alivia a ansiedade e promove a paz interior. A capacidade de se conectar com a natureza e a profunda intuição fazem dessa personagem uma excelente representante da energia sutil da violeta.

Flora é um símbolo da meditação e da conexão com o divino. A habilidade de estar em contato com o mundo natural e de desenvolver suas habilidades mágickas espelha o papel da violeta em práticas de meditação e no desenvolvimento do chacra frontal. Flora utiliza sua intuição e empatia para guiar e proteger seus amigos, exatamente como a violeta ajuda a despertar essas qualidades em nós.

Indicação rápida de plantas para auxílio mágicko

COMPORTAMENTAL, EMOCIONAL, PECADOS E CHACRAS

INFIDELIDADE

Açafrão-da-terra	Cardamomo	Manjerona
Alecrim	Cominho	Maracujá
Anis-estrelado	Gengibre	Milefólio (mil-folhas)
Arruda	Ginseng	Noz-moscada
Artemísia	Hortelã	Pimenta-do-reino
Babosa	Jasmim	Rosa
Baunilha	Lavanda	Sálvia
Camomila	Macieira	Tomilho
Canela	Manjericão	

TRISTEZA

Alecrim	Hortelã	Melissa (erva-cidreira)
Amoreira	Jasmim	Rosa
Café	Macieira	Tomilho
Girassol	Manjericão	
Ginseng	Manjerona	

FALTA DE PERDÃO

Alecrim	Coentro	Pimenta-do-reino
Alho	Lavanda	Rosa
Artemísia	Manjerona	Tomilho
Baunilha	Melissa (erva-cidreira)	
Canela	Milefólio (mil-folhas)	

MEDO E PÂNICO

Alecrim	Hortelã	Melissa (erva-cidreira)
Alho	Lavanda	Milefólio (mil-folhas)
Camomila	Louro	Rosa
Cravo-da-índia	Macieira	Sálvia
Erva-doce	Manjericão	Tomilho
Espada-de-são-jorge	Manjerona	
Gengibre	Maracujá	

COMPLEXO DE INFERIORIDADE

Alecrim	Cominho	Manjericão
Alho	Gengibre	Melissa (erva-cidreira)
Amoreira	Girassol	Parreira
Baunilha	Ginseng	Rosa
Camomila	Hortelã	Sálvia
Canela	Macieira	Tomilho

ANSIEDADE

Açafrão-da-terra	Jasmim	Milefólio (mil-folhas)
Baunilha	Lavanda	Noz-moscada
Camomila	Manjericão	Rosa
Cardamomo	Manjerona	Tomilho
Gengibre	Maracujá	
Ginseng	Melissa (erva-cidreira)	

BAIXA AUTOESTIMA

Alecrim	Espada-de-são-jorge	Manjericão
Amoreira	Gengibre	Melissa (erva-cidreira)
Baunilha	Girassol	Parreira
Camomila	Ginseng	Rosa
Canela	Hortelã	Sálvia
Cominho	Macieira	Tomilho

PROCRASTINAÇÃO

Alecrim	Cravo-da-índia	Manjericão
Anis-estrelado	Dente-de-leão	Melissa (erva-cidreira)
Artemísia	Ginseng	Milefólio (mil-folhas)
Canela	Hortelã	Noz-moscada
Cominho	Macieira	Tomilho

MÁGOA E RESSENTIMENTO

Açafrão-da-terra	Cravo-da-índia	Manjerona
Alho	Erva-doce	Maracujá
Anis-estrelado	Girassol	Melissa (erva-cidreira)
Arruda	Hortelã	Rosa
Babosa	Jasmim	Tomilho
Camomila	Lavanda	
Cominho	Manjericão	

DESÂNIMO E FADIGA

Alecrim	Erva-doce	Manjericão
Alho	Espada-de-são-jorge	Melissa (erva-cidreira)
Anis-estrelado	Gengibre	Noz-moscada
Bambu	Girassol	Pimenta-do-reino
Baunilha	Ginseng	Rosa
Café	Hibisco	Sálvia
Camomila	Hortelã	Tomilho
Canela	Louro	
Cravo-da-índia	Macieira	

INDIFERENÇA

Alecrim	Gengibre	Melissa (erva-cidreira)
Alho	Hibisco	Parreira
Baunilha	Hortelã	Pimenta-do-reino
Coentro	Lavanda	Rosa
Cravo-da-índia	Manjerona	Sálvia
Erva-doce	Maracujá	Tomilho

GULA

Alecrim	Girassol	Pimenta-do-reino
Camomila	Macieira	Sálvia
Cardamomo	Manjericão	
Cominho	Milefólio (mil-folhas)	

AVAREZA

Alecrim	Girassol	Milefólio (mil-folhas)
Alho	Hortelã	Noz-moscada
Arruda	Lavanda	Pimenta-do-reino
Artemísia	Louro	Rosa cor-de-rosa
Cominho	Manjericão	Sálvia
Cravo-da-índia	Manjerona	
Gengibre	Melissa (erva-cidreira)	

LUXÚRIA

Açafrão-da-terra	Cravo-da-índia	Lavanda
Alecrim	Gengibre	Manjericão
Alho	Ginseng	Milefólio (mil-folhas)
Baunilha	Hibisco	Pimenta-do-reino
Canela	Hortelã	Sálvia
Cardamomo	Jasmim	

IRA

Açafrão-da-terra	Jasmim	Milefólio (mil-folhas)
Baunilha	Manjericão	Noz-moscada
Cardamomo	Manjerona	Rosa
Gengibre	Maracujá	Tomilho
Ginseng	Melissa (erva-cidreira)	

INVEJA

Alecrim	Espada-de-são-jorge	Manjerona
Alho	Gengibre	Milefólio (mil-folhas)
Amoreira	Girassol	Noz-moscada
Arruda	Hortelã	Pimenta-do-reino
Artemísia	Lavanda	Rosa
Cominho	Louro	Sálvia
Cravo-da-índia	Manjericão	

PREGUIÇA

Açafrão-da-terra	Canela	Macieira
Alecrim	Cardamomo	Manjericão
Alho	Erva-doce	Noz-moscada
Bambu	Espada-de-são-jorge	Pimenta-do-reino
Baunilha	Girassol	
Café	Louro	

SOBERBA

Alho	Camomila	Lavanda
Amoreira	Canela	Macieira
Arruda	Coentro	Manjerona
Artemísia	Cravo-da-índia	Parreira
Babosa	Girassol	Rosa
Bambu	Hibisco	Sálvia
Baunilha	Jasmim	Tomilho

INDICAÇÃO RÁPIDA DE PLANTAS PARA AUXÍLIO MÁGICKO

DINHEIRO E PROSPERIDADE

Açafrão	Cominho	Louro
Alecrim	Cravo	Maçã
Amoreira	Espada-de-são-jorge	Manjericão
Bambu	Gengibre	Parreira
Calêndula	Girassol	Sálvia
Camomila	Hortelã	Tomilho
Canela	Laranjeira	

CHACRA BÁSICO OU RAIZ

Alho	Dente-de-leão	Sálvia
Baunilha	Gengibre	
Coentro	Manjericão	

CHACRA SACRAL

Bambu	Cominho	Milefólio (mil-folhas)
Calêndula	Erva-doce	Parreira
Canela	Guiné	Pimenta-do-reino
Coentro	Hibisco	

CHACRA PLEXO SOLAR

Açafrão-da-terra	Cardamomo	Ginseng
Alecrim	Cominho	Hortelã
Anis-estrelado	Erva-doce	Lavanda
Arruda	Espada-de-são-jorge	Melissa (erva-cidreira)
Café	Gengibre	
Canela	Girassol	

CHACRA CARDÍACO

Açafrão-da-terra	Jasmim	Rosa
Amoreira	Lavanda	Salsinha
Calêndula	Manjericão	Sálvia
Coentro	Maracujá	Tomilho
Dente-de-leão	Orégano	

CHACRA LARÍNGEO

Cravo-da-índia	Limão	Melissa (erva-cidreira)
Eucalipto	Louro	Salsinha
Hortelã	Malva	Sálvia

CHACRA FRONTAL

Alecrim	Hortelã	Manjerona
Anis-estrelado	Jasmim	Noz-moscada
Artemísia	Lavanda	Sálvia
Capim-limão	Macieira	

CHACRA CORONÁRIO

Canela	Hortelã
Eucalipto	Lavanda

7 passos para criar suas próprias magias

Agora que você já conhece muitas plantas e suas propriedades mágickas, vamos explorar os passos necessários para criar seu próprio ritual mágicko. Este é o momento em que a sabedoria que você acumulou se transforma em prática.

Criar magia é um processo único e pessoal. Cada detalhe importa, desde a definição clara do seu objetivo até a seleção cuidadosa dos elementos que você usará. Neste capítulo, vou guiá-lo ao longo de sete passos fundamentais para que você possa estruturar e realizar seus próprios rituais com confiança e eficácia.

Vamos começar com a base de qualquer prática mágicka: definir claramente o que você quer. Parece simples, mas muitos erros na magia começam por não ter um objetivo bem definido. Saber exatamente o resultado que você espera ajuda a direcionar a energia e a validar o que está funcionando.

Em seguida, passaremos pela escolha da egrégora (opcional), momento em que você decide se quer trabalhar com forças espirituais ou elementos naturais. Depois, abordaremos a seleção das plantas, fundamentais para a sua magia, e a possível inclusão de outros elementos, como cristais, velas e cores.

Com todos os elementos em mãos, chegaremos ao momento de definir o ritual. Esse é o coração da magia: a preparação cuidadosa de cada etapa garante que a energia flua na direção desejada. Finalmente você estará pronto para realizar o ritual com foco e intenção, e, em seguida, dará o passo crucial de saber o que esperar da sua magia e como lidar com os resultados.

Cada um desses passos é uma peça do quebra-cabeça que compõe um ritual mágicko poderoso e eficaz. Lembre-se: a magia é uma arte que se aperfeiçoa com prática e dedicação. Juntos, vamos descobrir como transformar sua intenção em realidade, criando rituais que realmente funcionem.

Venha comigo!

Passo 1: Definir o que eu quero

Pode parecer simples, mas muitos erros na criação e prática de magias vêm de não ter um objetivo bem definido. Saber exatamente o resultado que você espera ajuda a orientar todos os próximos passos e a validar o que está funcionando e o que precisa ser ajustado ou reestruturado.

Magia é trabalho, é uma arte, e pode ter certeza de que não vai surgir uma "fórmula mágicka" do nada. As fórmulas são construídas e aperfeiçoadas com dedicação!

Quanto mais específico for o seu desejo, mais fácil será verificar se a sua magia funcionou. No entanto, muitas vezes é necessário criar e juntar mais energia para alcançar o seu objetivo.

Vamos aos exemplos:

Desejo genérico/abrangente: "Quero prosperidade financeira". Quando você cria uma magia com esse objetivo, a prosperidade pode se manifestar de várias maneiras: um emprego novo, dinheiro achado, o recebimento de um pagamento pendente, um presente, a ajuda de alguém etc.

A prosperidade financeira está relacionada à materialização da energia Valor. O dinheiro é apenas uma das formas de essa energia se manifestar, mas qualquer coisa que agregue valor à sua vida pode ser o meio para essa magia se realizar. A energia sempre busca o caminho mais fácil para se materializar, e, às vezes, o resultado pode não ser exatamente o que você esperava.

Desejo específico: "Quero um novo emprego na área de administração para trabalhar em um escritório". Quando o desejo é mais específico, a energia tem menos caminhos para se materializar, por isso é necessário movimentar mais energia para aumentar a potência e agir para facilitar a manifestação. Nesse caso, enviar currículos para locais que preencham os requisitos do emprego desejado ajuda a abrir o caminho.

Como fazer:

Escreva seu objetivo no papel, incluindo o máximo de detalhes possível, para deixar extremamente claro o que você quer. Releia várias vezes o que escreveu, sempre buscando expressar seu desejo com a maior clareza possível.

Passo 2: Escolher uma egrégora (opcional)

Egrégora é o nome dado à força espiritual ou extrafísica criada a partir da soma de energias coletivas, resultado da união de um grupo ou das energias emitidas por esse grupo através dos seus padrões vibracionais.

Deuses, anjos, demônios, espíritos, entidades, elementais, gênios e muitos outros seres conscientes ou semiconscientes pertencem a algum tipo de egrégora. Por exemplo, Afrodite pertence à egrégora do panteão grego.

É necessário trabalhar com uma egrégora? Não! Você pode trabalhar com elementos naturais não conscientes, usando apenas a energia deles. Para quem está criando suas primeiras magias, recomendo trabalhar apenas com esses elementos, como plantas, cristais, cores e outros. Como escolher? Eu explico melhor no próximo passo.

Se você já trabalha com alguma egrégora, por exemplo, em uma religião que você frequenta, pode utilizá-la. Caso deseje contar com uma egrégora com a qual não tem vínculo, estude os aspectos de quem escolheu para trabalhar com você.

É importante observar os diversos aspectos do ser escolhido. Por exemplo, Ares, deus da guerra, representa o poderoso guerreiro que vence batalhas, mas também tem o aspecto de ser descontrolado e explosivo devido à sua ira cega. Muitas vezes, trazer essa ira descontrolada para sua magia pode atrapalhar ou modificar o resultado. É por isso que é preciso estudar bem a egrégora caso você deseje trabalhar com uma.

IMPORTANTE: Se você pretende trabalhar com qualquer tipo de ser consciente ou semiconsciente, como deuses, entidades ou outros seres espirituais, garanta que seu desejo não possa ser atendido de um modo completamente oposto ao que você considera bom.

Passo 3: Escolher uma planta

Com seu objetivo bem claro em mente, é hora de listar as plantas que mais se conectam com ele e que podem trazer a energia necessária para sua realização.

Neste passo, este livro se torna seu melhor amigo, pois nele você encontra descrições energéticas de 72 plantas, além de suas diversas formas de manifestação.

Depois de fazer sua lista de plantas, é crucial verificar se as energias delas não entram em conflito. Por exemplo, imagine misturar lavanda e alecrim. Se seu objetivo é acalmar a mente para facilitar os estudos e a meditação, os efeitos dessas duas plantas vão se anular. Contudo, se a ideia é usar a mistura para abrir o terceiro olho, aí sim lavanda e alecrim trabalham maravilhosamente bem juntos.

Por isso, ter um bom material que detalhe ao máximo a energia e a atuação das plantas vai ajudar você a criar magias realmente poderosas.

Passo 4: Escolher outros elementos (opcional)

Agora você pode dar um toque especial ao seu ritual, adicionando pedras, cristais, velas, objetos, cores ou outros elementos que estejam em sintonia com seu objetivo. Mas lembre-se: isso é opcional. Se preferir, pode usar apenas a planta.

Se decidir usar outros elementos, este livro será novamente seu guia. Aqui, a descrição de cada planta vem com uma lista de correspondências, mostrando quais elementos se harmonizam com a energia do vegetal.

Esses elementos podem incluir cristais, cores, gênero, astros, elementos da natureza e muito mais. Uma rápida olhada na lista que acompanha a planta escolhida vai ajudar você a escolher os elementos certos para intensificar a energia do seu ritual.

Você também pode optar por velas e incensos específicos. A escolha dos materiais que serão utilizados vai influenciar diretamente no ritual que será criado.

Passo 5: Definir o ritual

O ritual é o coração da magia, o processo cerimonial no qual você dá vida aos seus objetivos. Esse é o momento de criar, misturando intuição e conhecimento, para usar os elementos escolhidos e moldar as energias em prol da realização do seu desejo.

Um ritual, em geral, é composto por algumas etapas essenciais: banimento (limpeza energética do ambiente), círculo mágicko, montagem e ativação dos elementos, energização, pedido e encerramento.

Banimento: Este é o primeiro passo: um ato ou rito de limpeza e preparação do ambiente para o ritual, como varrer a casa antes de uma visita importante.

Círculo mágicko: Um espaço sagrado traçado no início do ritual para manter as energias indesejadas fora e concentrar as energias desejadas dentro. É como criar um ambiente seguro e focado para sua magia.

Montagem: Agora você coloca os elementos dentro do círculo. Vai acender uma vela? Usar incensos? Cristais? Os quatro elementos? Arrume tudo e se prepare para a ativação.

Ativação: Esta é a hora de pedir, verbalmente, que cada elemento traga a energia específica para o seu desejo. Fale com cada elemento individualmente, porque cada um tem um papel único no seu pedido.

Energização: Coloque sua mente em um estado alterado de consciência, como o estado alfa da meditação. Isso potencializa toda a ação mágicka. Reforce seu pedido, dizendo-o em voz alta. Se preferir, escreva o pedido em um papel e queime-o na chama da vela (se estiver usando uma) ou rasgue-o, sempre visualizando a realização do seu desejo.

Encerramento: Termine desfazendo o círculo e realizando um último banimento para fechar o ritual com chave de ouro.

Essa é uma estrutura comum, mas lembre-se: o ritual é seu! Sinta-se livre para acrescentar ou retirar passos conforme achar necessário. O importante é manter o banimento no início ou no fim, para garantir um ambiente energeticamente limpo.

No final das contas, o ritual mais poderoso é aquele que você cria!

Passo 6: Realizar o ritual

Agora que você tem tudo planejado e os materiais em mãos, chegou a hora de realizar o ritual. Aqui, a atenção deve estar totalmente no momento presente!

Esteja no estado mental e espiritual adequado para o seu objetivo. Não existe uma emoção negativa; cada emoção tem sua função e pode ser útil no ritual. Entenda qual estado físico e emocional favorece seu objetivo e busque alcançá-lo antes de começar.

Ao iniciar o ritual, mantenha o foco no seu objetivo o máximo possível. Lembre-se de que você está em um local consagrado para um ato místico. Esse é o momento de deixar de lado tudo o que é mundano e assumir sua forma divina.

Você é o centro do seu universo particular nesse momento, e vai usar suas energias e as dos elementos para começar a modificar a realidade do seu universo, tanto interno quanto externo.

Use o poder que já está em suas mãos de maneira consciente para construir o que deseja, a fim de que sua vontade se materialize. Entenda a força e a energia contidas nesse poder.

Assumir sua forma divina não significa que você precisa de um ritual extravagante, cheio de palavras complexas ou em latim. O simples ato de fazer um chá pode ser um ritual completo e poderoso, desde que você direcione a atenção e a concentração necessárias.

Concentração e atenção não significam necessariamente ausência de leveza e beleza. Tudo deve ser pautado pelo objetivo e pela intenção.

Assim que finalizar o ritual, guarde tudo que precisar ser guardado e descarte o que deve ser descartado. Assim como você abriu esse campo para acessar sua forma divina, feche-o com a mesma intenção e respeito.

Passo 7: O que esperar da minha magia?

Com a magia realizada, é importante anotar tudo o que aconteceu no seu Diário Mágicko. Anotou? Ótimo! Agora, esqueça o que fez. Você acabou de criar uma forma para o seu desejo, cheia da energia que reuniu no ritual. Essa energia vai orbitar a partir desse momento até encontrar um meio de se materializar. Se durante esse tempo você ficar questionando sua magia, sem ter certeza se o objetivo será alcançado, a energia da dúvida vai enfraquecer a força do seu ritual. Quanto mais fraca a energia, mais difícil será a realização, podendo até ser completamente anulada pela ansiedade.

Portanto, confie no seu ritual e no seu poder. É claro que nem todos os rituais se realizam exatamente como planejamos. Alguns podem não se concretizar, dar errado ou não acontecer como esperávamos. O importante é saber analisar sua magia e refiná-la. Somente assim você conseguirá exercer toda a sua vontade e poder.

Se continuar estudando e praticando, o sucesso na arte mágicka é inevitável. Isso vale para qualquer área da sua vida!

Neste capítulo, eu guiei você através dos sete passos fundamentais para estruturar e realizar seus próprios rituais com confiança e eficácia. Começamos com a base de qualquer prática mágicka: definir claramente o que você quer. Parece simples, mas muitos erros na magia começam por não ter um objetivo bem definido. Saber exatamente o resultado que você espera ajuda a direcionar a energia e a validar o que está funcionando.

Falamos sobre a escolha opcional de uma egrégora, momento em que você decide se quer trabalhar com forças espirituais ou elementos naturais. Em seguida, abordamos a seleção das plantas, fundamentais para sua magia, e a possível inclusão de outros elementos, como cristais, velas e cores.

Com todos os elementos em mãos, definimos o ritual, o coração da magia, quando a preparação cuidadosa de cada etapa garante que a energia flua na direção desejada. E, finalmente, realizamos o ritual, com total foco e intenção, seguido pelo passo crucial de entender o que esperar da sua magia e como lidar com os resultados.

Cada um desses passos é uma peça do quebra-cabeça que compõe um ritual mágicko poderoso e eficaz. Lembre-se: a magia é uma arte que se aperfeiçoa com prática e dedicação. Quanto mais você praticar e refinar sua técnica, mais poderoso se tornará.

A magia está nas suas mãos, pronta para transformar sua intenção em realidade.

Seu poder cresceu!

Parabéns por chegar até aqui! Você embarcou em uma jornada fascinante através do universo mágicko das plantas, desvendando os segredos dos vegetais e aprendendo a acessar suas energias.

Este livro foi projetado para ser um guia prático, uma ferramenta que você pode usar sempre que precisar de orientação ou inspiração em sua prática mágicka. Ao longo das páginas, compartilhei os segredos ancestrais e o poder oculto das plantas que por anos me dediquei a estudar e conhecer. Você conheceu as propriedades mágickas desses seres e aprendeu a utilizá-las para alcançar desejos e objetivos

Juntos, nós desvendamos mistérios que se escondem em rituais e práticas ancestrais. Mas o verdadeiro poder reside em você, em sua capacidade de aplicar esse conhecimento e transformar sua realidade.

O poder das plantas

Cada planta tem uma energia única, uma vibração específica que pode ser direcionada para diferentes fins. Aprender a trabalhar com essas energias é como aprender a falar uma nova língua: no início pode parecer complicado, mas com prática e dedicação você se torna fluente em qualquer linguagem, incluindo a das plantas.

Lembre-se: a magia é uma arte que se aperfeiçoa com o tempo. Não se frustre se os resultados não forem imediatos ou se não se concretizarem exatamente como você esperava. Cada ritual é uma oportunidade de aprendizado e crescimento. Anote suas experiências no seu Diário Mágicko e use essas anotações para refinar sua prática.

Integrando a magia ao dia a dia

A magia com plantas não precisa ser reservada para momentos especiais ou rituais formais. Você pode incorporar essa sabedoria ao seu dia a dia. Uma simples xícara de chá pode ser transformada em um ritual de cura ou proteção. Um vaso de plantas em sua casa pode se tornar um amuleto de prosperidade. A magia está em toda parte; basta estar atento e aberto para percebê-la.

Confiança e intuição

Confie em sua intuição. Você aprendeu muito sobre as propriedades das plantas e agora sabe como utilizá-las, mas nunca subestime o poder do seu próprio instinto. Às vezes a planta certa para o seu objetivo pode ser aquela com a qual você sente uma conexão especial, mesmo que não siga exatamente as descrições tradicionais.

Continuidade e crescimento

Este livro é apenas o começo. Continue explorando, estudando e praticando. Existem infinitas possibilidades e combinações que você pode descobrir. A magia das plantas é um campo vasto e maravilhoso, e quanto mais se aprofunda, mais você descobre sobre si mesmo e o mundo ao seu redor.

A comunidade mágicka

Não se esqueça da importância da comunidade. Compartilhar experiências, dúvidas e sucessos com outros praticantes pode enriquecer muito sua jornada. A troca de conhecimento e apoio mútuo fortalece não apenas sua prática, mas também o poder coletivo da magia.

Finalizando com gratidão

Para finalizar, agradeça. Agradeça às plantas que compartilharam suas energias com você, aos elementos que apoiaram seus rituais, e a si mesmo, por ter a coragem e a dedicação de trilhar esse caminho. A gratidão é uma força poderosa, que amplifica a magia e atrai mais bênçãos para sua vida.

O chamado da prática

Agora é o momento de colocar em ação tudo o que você aprendeu. Explore as plantas, experimente diferentes rituais, confie em sua intuição e permita que a magia flua através de você.

Não tenha medo de errar, pois cada experiência, seja ela positiva ou negativa, é uma oportunidade de aprendizado e crescimento. Anote suas descobertas, seus sucessos e seus desafios no Diário Mágicko e use esse conhecimento para aprimorar sua prática.

O diário mágicko

A magia acontece a partir de nós, portanto é preciso pôr a mão na massa. Anote suas percepções ao realizar banhos, chás, defumações e outras práticas com as energias das plantas. Esse é o momento de transformar todo o conhecimento que você adquiriu com este livro em sabedoria prática.

Objetivo da magia:

Como realizei a prática:

Quais plantas utilizei:

Dia da semana:

Fase da Lua:

Como me senti:

Mais detalhes sobre a prática:

Objetivo da magia:

Como realizei a prática:

Quais plantas utilizei:

Dia da semana:

Fase da Lua:

Como me senti:

Mais detalhes sobre a prática:

Objetivo da magia:

Como realizei a prática:

Quais plantas utilizei:

Dia da semana:

Fase da Lua:

Como me senti:

Mais detalhes sobre a prática:

Objetivo da magia:

Como realizei a prática:

Quais plantas utilizei:

Dia da semana:

Fase da Lua:

Como me senti:

Mais detalhes sobre a prática:

Objetivo da magia:

Como realizei a prática:

Quais plantas utilizei:

Dia da semana:

Fase da Lua:

Como me senti:

Mais detalhes sobre a prática:

Objetivo da magia:

Como realizei a prática:

Quais plantas utilizei:

Dia da semana:

Fase da Lua:

Como me senti:

Mais detalhes sobre a prática:

Objetivo da magia:

Como realizei a prática:

Quais plantas utilizei:

Dia da semana:

Fase da Lua:

Como me senti:

Mais detalhes sobre a prática:

Objetivo da magia:

Como realizei a prática:

Quais plantas utilizei:

Dia da semana:

Fase da Lua:

Como me senti:

Mais detalhes sobre a prática:

Objetivo da magia:

Como realizei a prática:

Quais plantas utilizei:

Dia da semana:

Fase da Lua:

Como me senti:

Mais detalhes sobre a prática:

Objetivo da magia:

Como realizei a prática:

Quais plantas utilizei:

Dia da semana:

Fase da Lua:

Como me senti:

Mais detalhes sobre a prática:

Objetivo da magia:

Como realizei a prática:

Quais plantas utilizei:

Dia da semana:

Fase da Lua:

Como me senti:

Mais detalhes sobre a prática:

Objetivo da magia:

Como realizei a prática:

Quais plantas utilizei:

Dia da semana:

Fase da Lua:

Como me senti:

Mais detalhes sobre a prática:

Gratidão e abundância

A o encerrar este livro, quero expressar minha profunda gratidão por ter compartilhado essa jornada com você. Que as plantas continuem a guiá-lo, inspirá-lo e abençoá-lo em todos os momentos.

Que a magia das plantas traga abundância, prosperidade, cura e transformação para sua vida. Que você encontre em cada folha, em cada flor, em cada raiz, a força e a sabedoria da natureza, manifestando seus sonhos e vivendo uma vida plena e mágicka.

Que a magia esteja com você!

Um beijo mágicko,

Edu Parmeggiani

Bibliografia consultiva

Criei o *Magia com plantas* com base na experiência que adquiri em anos de estudo pessoal e prática e com apoio em grandes obras da área. A lista a seguir traz recomendações de leituras que vão ajudar você em seu aprofundamento.

BLACKWOOD, Leon. *O livro hoodoo das conjuras*. Fortaleza: Oficina Mágica, 2021.

BLAZZI, Eliza. *O maravilhoso poder das plantas*. São Paulo: Casa Publicadora Brasileira, 2002.

BUCKLAND, Raymond. *O livro completo de bruxaria*. São Paulo: Pensamento, 2019.

CELLI, Amanda. *Tempero de bruxa*. Publicação independente, 2021.

CODEKAS, Collen. *Ervas que curam*. São Paulo: Pensamento, 2021.

EASON, Cassandra. *Manual prático da wicca*. Rio de Janeiro: DarkSide Books, 2022.

FORZZA, Rafaela C. *Catálogo de plantas e fungos do Brasil*. Rio de Janeiro: Instituto de Pesquisa Jardim Botânico do Rio de Janeiro, 2010. v. 1 e 2.

FRIES, Jan. *Mágicka visual*. São Paulo: Penumbra, 2018.

GIMENES, Bruno J. *Fitoenergética*. Nova Petrópolis: Luz da Serra, 2020.

GIMENES, Bruno J. *Manual de magia com as ervas*. Nova Petrópolis: Luz da Serra, 2016.

GORI, Tânia. *Herbologia mágica*. São Paulo: Alfabeto, 2021.

KELLY, Tommie. *O grimório dos quarenta servidores*. São Paulo: Penumbra, 2019.

KYNES, Sandra. *O livro completo das correspondências*. São Paulo: Pensamento, 2016.

KYNES, Sandra. *O livro completo dos óleos essenciais*. São Paulo: Pensamento, 2021.

LEVI, Eliphas. *Dogma e ritual da alta magia*. São Paulo: Madras, 2020.

LIPP, Deborah. *O grimório da magia natural*. São Paulo: Alfabeto, 2022.

LOPES, Flávio. *Bruxaria solitária*. São Paulo: Alfabeto, 2019.

LOPES, Flávio. *O poder mágico*. São Paulo: Alfabeto, 2020.

MENDONÇA, Evandro. *Arsenal de umbanda*. São Paulo: Anubis, 2012.

MENEZES, Javert. *A arte do benzimento*. São Paulo: Alfabeto, 2019.

MURPHY-HISCOCK, Arin. *A casa da bruxa natural*: guia completo. Rio de Janeiro: DarkSide Books, 2022.

MURPHY-HISCOCK, Arin. *Bruxa natural*: guia completo. Rio de Janeiro: DarkSide Books, 2021.

OXÓSSI, Diego de. *A magia das folhas*. São Paulo: Alore Cultural, 2019.

OXÓSSI, Diego de. *O poder das folhas*. São Paulo: Alore Cultural, 2019.

OXÓSSI, Diego de. *O segredo das folhas*. São Paulo: Alore Cultural, 2019.

PAPUS. *Tratado elementar de ciências ocultas*. São Paulo: Pensamento, 2021.

PARACELSO. *As plantas mágicas*. São Paulo: Hemus, 2005.

PIETRO, Claudiney. *Coven*: rituais e práticas de wicca para grupos. São Paulo: Alfabeto, 2019.

PIETRO, Claudiney. *Rituais de magia com o tarô*. São Paulo: Alfabeto, 2021.

ROCHA, Tatiane. *Oficina de ervas sagradas*. Campinas: 2012.

TAMOSAUSKAS, Thiago. *Principia alchimia*: Publicação independente, 2020.

VAN FEU, Eddie. *A cozinha da bruxa moderna*. Rio de Janeiro: Linhas Tortas, 2015.

VAN FEU, Eddie. *Wicca*: a magia dos elementais. Rio de Janeiro: Linhas Tortas, 2003.

VAN FEU, Eddie. *Wicca*: herbarium. Rio de Janeiro: Linhas Tortas, 2003.

VAN FEU, Eddie. *Wicca*: poções e pantáculos. Rio de Janeiro: Linhas Tortas, 2003.

VANDERBECK, Paige. *Bruxaria natural*: um guia prático para a magia de plantas, cristais e tudo o mais. São Paulo: Mantra, 2022.

VIOLETA, Gabi. *Naturalmente bruxa*. São Paulo: Planeta, 2019.

© Acervo pessoal

Sobre o autor

EDUARDO PARMEGGIANI é formador de magoterapeutas e um cientista da religião em formação, com dedicação ao estudo da magia, da espiritualidade e de sua aplicação prática por meio de trabalhos energéticos e espirituais desde 2011. Seu propósito é devolver a magia ao seu lugar natural: o de auxílio ao outro, desenvolvendo pessoas para serem guias em uma vida mais conectada à natureza e aos poderes que dela emanam. Em 2020, fundou a escola Contém Magia, que em 2024 já contava com mais de 9 mil alunos. *Magia com plantas* é o seu primeiro livro publicado pela editora Planeta.

Acompanhe o autor:

- edu.parmeggiani
- edu.parmeggiani
- eduparmeggiani

**Acreditamos
nos livros**

Este livro foi composto em Quasimoda e
impresso pela gráfica Santa Marta para a
Editora Planeta do Brasil em fevereiro de 2025.